王子礼遇

培养超棒男孩

温泉◎编著

海天出版社（中国·深圳）

图书在版编目（CIP）数据

王子礼遇：培养超棒男孩 / 温泉编著. — 深圳：
海天出版社，2016.3

（中艺儿童成长系列）

ISBN 978-7-5507-1367-3

Ⅰ.①王… Ⅱ.①温… Ⅲ.①男性—儿童教育—艺术
教育 Ⅳ.①J-4

中国版本图书馆CIP数据核字（2015）第094527号

王子礼遇：培养超棒男孩
WANGZI LIYU: PEIYANG CHAOBANG NANHAI

出 品 人　聂雄前
责任编辑　顾童乔　张绪华
责任技编　梁立新
封面设计　元明·设计

出版发行　海天出版社
地　　址　深圳市彩田南路海天综合大厦（518033）
网　　址　www.htph.com.cn
订购电话　0755-83460202（批发）0755-83460239（邮购）
排版设计　深圳市新知文轩数码技术有限公司
印　　刷　深圳市希望印务有限公司
开　　本　787 mm×1092 mm　1/16
印　　张　19.25
字　　数　280千
版　　次　2016年3月第1次
印　　次　2016年3月第1次
定　　价　39.00元

家有男儿，许多父母喜不自禁！然而，随着男儿的长大，越来越让父母操心，他调皮捣蛋、离经叛道，甚至悄悄地染上某些恶习。在生活中，父母常常会有许多的无奈：

教他勇敢，他却羞涩好静，做事唯唯诺诺；

教他坚强，他却优柔寡断，屡次轻易放弃；

教他果断，他却是拖拖拉拉；

教他探索，他却是循规蹈矩。

每当遇到这样的情况，男孩的父母总会这样自我安慰："等他长大后，他自然会懂得……"可事实却往往与父母的期望截然相反。

做父母的不要等男孩长大后才懂得，而是从小就要让男孩知道，他是个了不起的男子汉！

男孩在四五岁的时候，就已经有了性别意识，他已经知道自己是个小男子汉。这个时候，父母就要有意识地培养其男子汉的作风：

男孩跌倒了，告诉他：自己爬起来；

男孩胆怯了，告诉他：你可以做得更好；

男孩犯错误了，告诉他：好汉做事好汉当；

男孩不听话了，告诉他：不给父母添麻烦，是男子汉的一种荣耀！

任何一个男孩，都不能只活在父母的梦想里。所以，教育男孩需要在他很小的时候，便脚踏实地地引导他去积累成功的能力和品质。

仁爱暖人心、自立可自强、坚毅以不屈、孝顺谢恩情、诚信做名片、担当事一生、果敢不让仁、奋进不止步、谦逊致深远及理想坚信念等，都是男孩子的人格魅力。这应作为父母雕琢男孩这块"璞玉"时的方向。

家有男儿的父母不让自己的男孩子看起来像个男人，而是要让他做起事来更像个真正的男人。这就需要父母们用正确的爱的方式去教养男孩子，多给男孩子自己动手做事的机会，让他们在锻炼中慢慢成长！

中国艺术教育研究中心　艺术总监
中国艺术教育家协会　　秘书长
香港家燕妈妈演艺中心　星级导师
广东省艺术教育促进会　会长

（温泉老师，著名编导，"中艺星光"杯全国艺术人才教育成果展品牌创始人，2014年"中国梦·少年梦"全国少儿春晚总导演，2013年湖南卫视少儿春晚执行导演。）

第一章

男孩特色

第一节 男孩的心理特点

引语

　　独生男孩与传统社会有兄弟姐妹的男孩相比，有着自己独特的优势和素质，也有着自己独特的个性和心理特点。父母们只有了解独生男孩的个性和心理特点，才能因材施教，培养出优秀的男子汉来。

1. 荷尔蒙作用

　　父母们往往感到迷惑，为何男孩就是比女孩难以管教？其实，这就是性别的本质——荷尔蒙（性激素）的作用。

　　男孩会产生较多的雄性激素，女孩则产生较多的雌性激素。由于激素水平的不均衡，致使男女之间的性发育出现差别。同时，虽然男孩与女孩都要受家庭、朋友、老师乃至社会的影响，但其受到的影响程度却存在差异。

1.1 生理

　　就生理方面而言，男女性别各具特殊的身体发育特征。例如，女孩发育成熟比男孩快而均衡。学龄前的女孩比同龄的男孩有更好的平衡水平，她们能很好地进行单腿跳。但后来居上的男孩会在跑步和跳高方面更胜一筹。青春期之前，男孩与女孩的体格发育相当接近。过了青春期以后，男孩开始比女孩发育得更快、更强壮。这是因为男孩旺盛的新陈代谢功能加快，使得心脏和肺增大，以适应氧气和血液用量的增加。

1.2 智力

就智力方面而言，女孩一般说话较早，造句及表达能力较好，她们很早就会读写，在小学、中学时期很少出现阅读问题，有良好的言语推理能力，很少出现言语混乱的情况。而10多岁的男孩则具有较好的空间立体感及视觉表象能力，这对将来的数学和物理的学习起着重要的作用。因此，青春期以后的男孩往往数学和物理成绩优于女生。

1.3 社会

就社会方面而言，从儿童时代到青春期，男孩总是更具竞争性、侵犯性和支配性；女孩则更喜欢交往并注重友谊的亲密发展。

从社会意识形成的那一刻起，女孩更趋向于听从成人的命令，男孩则常用身体、情绪及不理智的方式来表示对抗，因此也经常出现行为问题。

了解男孩女孩之间的不同，父母们就能给予调皮捣蛋的男孩正确的教育。实际上，男孩子的"难管"只是父母的一面之词。如果理解男孩子的心理特点，父母们就会更宽容地对待他们，而不是以对女孩的要求来约束他。

2. 男儿本色

在大家的眼里，一个男人应该具有男子气概，正直、果敢、刚毅等，这些优秀的品质是由男孩子的最初"本色"演变而来的。

2.1 顽皮粗放

男孩子总爱乱蹦乱跳、乱喊乱叫，喜欢粗野地玩耍，非常顽皮。但是，这并不意味着他们长大后就会成为暴徒无赖。事实上，对男孩子来说，那些体力性的游戏具有明显好处，他们能从游戏中学会"放肆"的限度，知道能在多大程度上大胆行动而又不会受伤，怎样注意别人的感情。学到这些限度的男孩，日后脾气暴躁和蛮横无理的可能性反而更小。

2.2 有暴力倾向

一位儿童心理学家花了一年时间到学校观察男孩子的幻想游戏。他发现，即使是暴力游戏，也在男孩成长中起着积极的作用。男孩子几乎个个都编演过关于枪战、格斗、撞车或其他暴力形式的故事，但是他们在故事结束后并没有随之发生暴力行为。

一个男孩在老师提出反对意见时说："可是坏人最后都得死掉呀！"这反映了一种心态，他们喜欢这些故事是基于一种道德观念——正义战胜邪恶，勇敢受到褒奖。

2.3 隐藏心事

由于体内睾丸素的作用，男孩比女孩更容易愤怒，更需要发泄，侵略、冒险和竞争是他们的天性。男孩往往不像女孩一样，能用语言表达出"我生气了""我很难过"等情绪，即使表示对你的爱，他可能也只是拉拉你的衣角。

2~5岁男孩会越来越多地显露自己的个性，也容易发火。这时，父母尽量不要压制他的反抗，而是告诉他更好的表达方式是什么，并相信他有能力去调整自己。同时，给他发泄的机会，允许他喊叫，甚至指定沙发或者沙袋等不易损坏的东西让他捶打。

如果女孩子生气或有了烦恼，可能会扑进母亲怀抱，哭诉自己的心事。男孩子则一般自己想办法解决问题，而不愿显得"娇气"。

所以，如果想跟男孩谈谈令他烦恼的事，最好在参与某项活动中婉转地接近话题。一位心理学家指出："一位帮着儿子修理自行车的母亲，在随意交谈中了解的情况，可能比在饭桌上当面质问了解的情况更多。"

2.4 愿意协商

男孩子喜欢通过谈判商定协议，并擅长此道。他们崇尚公平，喜欢讲条件，愿意看到各得其便。只是由于他们的注意力难以持久，很难信守承诺，所以容易引起父母们的唠唠叨叨。但这对他们并不奏效，甚至引起反抗。所以，不妨换个方式，如下面故事中的母亲：

有个叫汤姆的孩子，由于生就的旺盛精力，他总是忘记自己不再在起居室里撒野的承诺。于是妈妈找到一个办法提醒他。

她把一张便条别在沙发上，上面写着："亲爱的汤姆：我原以为你是我的朋友，可你并不关心我，你伤害了我，当你坐下时是那么猛烈用力，致使我的一根弹簧折断，扎透了我的脊背。我们的友谊结束了。你曾经的朋友：沙发。"

汤姆看到这张纸条开怀大笑，并记住了他的协议和义务。

这就是妈妈的明智之举。她不是时时念叨孩子犯错，而是委婉而幽默地提醒孩子遵守协议，让孩子欣然改错。

3. 当代男孩

现在的男孩子，多为独生子，加之受传统重男轻女的思想的影响，家人的宠爱，很多家庭，条件比较优越，可想而知男孩更容易成为养尊处优的"公子哥"，也就是人们常说的"富二代"。这些男孩的特点，主要表现在以下几方面：

3.1 优势

（1）生理条件优越。集父母气血之精华，智力出众，身体素质好。

（2）经济条件优越。物质需要几乎都能得到满足，俨然一个"小皇帝"。

（3）教育条件优越。父母很注重对其进行智力投资，因此见多识广、多才多艺。

（4）独享两代人的爱。身为独生男孩，成为两代人爱的焦点，时刻被爱包围。

3.2 常见弱点

（1）依赖性强。饭来张口，衣来伸手，独立性差。

（2）自私自利。唯我独尊，不顾他人，任性妄为。

（3）胆小怯懦。不能吃苦，遇事慌张，缺乏勇气和主见，不敢冒险创新。

（4）性格孤僻。不懂分享与合作，不合群，常感孤独。

男孩子的这些优势与弱点综合起来，往往表现为"智商高，情商低"，这也成了一种普遍的社会问题。

4．父母怎么当

对于具有以上优势和弱点的男孩子，父母应该如何给予教育呢？

4.1 放手，让他独立自主

生活起居，是一个人的事儿。从小培养男孩自己的事情自己做，遇到问题想方法解决，这就有助于他们形成自立自主的好习惯。不过，很多父母并没这样做，而是为男孩包办一切，甚至不让男孩安心地玩耍，怕磕着碰着。这样，男孩就会凡事依赖别人，不敢冒险，渐渐沦为社会"寄生虫"，遭人鄙视。

4.2 培养男孩各方面良好的习惯

良好的习惯，是一个人的成功必备要素。一个人如果从小做事有计划、有安排、井井有条，那么他的自律性就会很强，就不会轻易受到恶习陋品的侵蚀，从而表现得正直刚强、不懈进取。父母们可以从为人、处事两方面培养男孩的好习惯，比如为人谦逊大度，勇于担当；处事分轻重缓急、多做计划等。

4.3 适当进行挫折教育

现在的男孩抗挫力弱，已经成为普遍的社会现象。有新闻报道说，一位13岁的小男孩成绩优异，但只因有一次不满母亲给老师打电话，便跳楼身亡了。实际上，这样的事情时有发生，令人揪心不已。终究其因，还是父母太缺乏对男孩进行挫折教育。

对男孩的挫折教育，父母最好在平时自然而然地进行，使生活成为他最真实的大课堂。

第一，给男孩机会面对挫折，做好他的向导。让男孩有机会面对挫折，是父母对他进行挫折教育的关键之一。父母不能再当男孩的"拐杖"，什么事情都答应他，替他去做、去解决，而是要多给他一些磨练的机会，这样才能培养他的心理承受能力和解决困难的能力。

所以，当他再要求父母给他买这买那时，父母不能再毫无条件地满足他；当他再没大没小地要父母做这做那时，父母要学会对他说"不"；当他再撒娇耍混地在父母面前无理取闹时，父母要硬起心肠，对他不理不睬……这些对父母来说，刚做时可能比较难，但为了孩子，请做理智型的父母吧！

　　此外，父母也有必要给男孩提供一定的指导，以使他能摆正心态，配合父母对他的挫折教育。比如，当男孩做事时，父母不能以结果论成败，要引导他多关注做事的过程，多吸取做事的经验，而不是对结果的成与败斤斤计较；当男孩有看不起他人的表现，或总是拿别人与自己比时，父母可以引导他多和自己作比较，多认识自己、评价自己；当男孩有骄傲自大的表现时，父母可以引导他明白"山外有山，人外有人"的道理……

　　父母把真挚的爱和丰富的人生经验传递给父母最爱的隔辈人，做好他的人生向导，将会使他受益终身。

　　第二，培养男孩的乐观精神。相比女孩，男孩应能够更乐观地看待世界和生活，可以使他感受到更多的幸福和快乐，也会使他更有勇气和信心面对各种困难和挫折。而且，男孩的乐观也能使他在对抗挫折时保持良好的心态，正确而积极地看待问题。所以，培养男孩的乐观精神，也是挫折教育的重点之一。

　　积极，快乐的家庭氛围有利于男孩乐观精神的培养。作为整个家庭的"领头羊"，父母的乐观心态能影响所有的家庭成员。所以，父母的脸上要少一些愁苦，多一些欢笑，这样不但有利于活跃家庭气氛，还有利于父母的身体健康。而且，在这样良好的家庭环境中，男孩自然而然就会受到感染，从而拥有乐观的心态。

　　此外，引导男孩多从事物好的、积极的一面考虑问题，多培养

他的兴趣与爱好，也有利于他乐观精神的养成。

第三，增强男孩受挫后的恢复能力。增强男孩受挫后的恢复能力，有助于他在所经历的挫折中吸取经验和教训，有利于他尽快恢复进取的信心。那么，父母又如何引导男孩从情绪的低谷中走出来呢？

父母可以使用目标转移法，即将他的注意力从受挫的失败上转移到其他事情上。比如，可以带他出去散散步，也可以与他一起练练书法、画画，给他讲讲有意思的故事，做做游戏，还可以给他做点好吃的，等等。

此外，父母也要引导他将心中的郁闷和不满之情发泄出来。比如，父母可以提醒他出去运动一下，也可以让他在没人的地方大喊几声，还可以通过与他聊天的方式，引导他说出心中的不快，并对他加以适当的安慰……

4.4 增强体质，塑造人格

"身体是革命的本钱"，这句话是永恒的真理。关注男孩身体健康，是每个父母的首要任务。美德，也是一种健康——心理健康。因此，父母们不仅要帮助男孩增强体质，还要塑造他的美好人格。

男孩的身体健康，可以通过饮食和运动两方面来调养。而人格塑造，更需要妈妈的细心和耐心，很多男孩子都是在不断地纠正、改正错误中培养起美好品质的。

第二节 调皮

引语

　　男孩子调皮是他们的天性。对调皮的男孩子要加以管教，同时因势利导，自然地改变孩子的调皮任性，帮助孩子快乐健康地成长。

1．男孩调皮是为何

　　调皮其实是男孩的雄性荷尔蒙决定的。他们活泼、好动，有强烈的好奇心，对所有事物都具有浓厚的兴趣，什么都想看一看、摸一摸，由于分不清是非，孩子们难免做出"不好"的事，俨然一个"捣蛋鬼"，这就让父母们非常头疼了。

　　不过，据研究表明，越是好动、调皮的孩子，大脑的发展就越快，人自然也就越机灵，这是好事。所以说，只要父母耐心引导，"捣蛋鬼"的前程无限量。

　　公平地说，有时孩子们的调皮或淘气显得很可爱，但大多情况下，他们都会干"坏事"，所以父母们还是对此头疼不已。而如果父母们愿意耐心倾听男孩们心声的话，也不难找出他们调皮捣蛋的

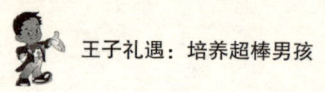
原因。

1.1 好奇心作祟

幼儿心理学家研究说，幼儿期男孩的典型特征就是活泼、好动且充满好奇。此时期的他们知识缺乏，渴望了解更多的事物。在好奇心的驱使之下，孩子们忍不住到处摸摸、试试，且往往成人越不让看，越不让做的事情，偏偏要看要做，这就被成人视为"调皮"。

1.2 为了引人注意

孩子们小时候大多有很强的表现欲，希望引起成人的注意，并得到表扬，便常常做出一些"出格"的事。这些事在成人看来，就是在"捣蛋"，所以孩子们又被认为"调皮"，并且往往会因此而受到批评或训斥。

1.3 精神过剩使然

随着年龄的增长，孩子们各种能力不断提高，但成人所能提供的活动环境和条件不能满足他们的需要，使他们剩余的精力无处使用，便也会搞出一些"小破坏"，成了名副其实的"捣蛋鬼"。

1.4 有意识的淘气

当孩子逐渐长大，各种心理需要明显增多，而父母们又不可能为其一一满足。因此，有些孩子便有意识地利用淘气来发泄自己的不满情绪。这些孩子的破坏性往往又更强一些，更令父母为难。

以上分析，是针对一般的男孩来说。而实际上，男孩子比女孩子调皮得多。尤其是3～6岁这一年龄段，许多男孩常常横冲直撞、大喊大叫，攻击性颇强。他们还常常以男子汉自居，时时想表现得很勇敢，不过大多体现为"有勇无谋"，令父母生气。

其实，男孩子的"调皮"很多时候也是不由自主的。这就需要细心的父母，根据男孩的具体情况而给予相应的教育或引导，让宝贝们成为他自己心目中的真正男子汉。

2. 调皮男孩很聪敏

都说调皮的男孩更聪敏，为什么呢？因为他们在试探、摸索这个世界时积累了一些知识，脑袋里装了更多的东西，自然比不爱活动、安静寡言的男孩表现得更加机智灵活。针对这些调皮的家伙，父母更要及时挖掘他们身上所具备的潜能。

2.1 绘画

【捣蛋表现】

才入住没多久的新房子，不知道什么时候客厅的墙上多了几条长长短短粗粗细细的蜡笔线。天天爸发现后，怒火中烧抢起巴掌就给天天屁屁来了几下。要知道，这房子的装修凝结了天天爸3个月的心血，就这样被淘气的宝宝破坏了。

事后，妈妈问天天为什么这么做。天天委屈地说，幼儿园里的墙就是彩色的，他想把家里打扮得和幼儿园一样漂亮。看着天天红红的屁屁，爸爸觉得有点后悔当时不应该那么冲动。

【发掘方案】

首先，安抚伤心的孩子，肯定他画得不错。其次，让男孩明白画画要选择地方，即使是打扮自己的房间，也要先问问爸爸妈妈。然后，再给孩子准备涂鸦的活动空间，提供足够的安全的涂鸦工具材料，引导其涂鸦行为，并与他一起玩一玩、画一画、讲一讲，用心欣赏他的看似不合逻辑的涂鸦作品。对于天天来说，他的爱好就是学习绘画，如果父母一直对他的涂鸦抱怨不已，那这一点绘画智能就很有可能被扼杀在摇篮里，所以看见男孩画在墙上的"拙作"，父母先要保持冷静，问清楚以后再作判断。

2.2 舞蹈或运动

【捣蛋表现】

妈妈下班回到家，就被房间里的场景吓了一跳，她发现自己的大床上有3个小孩子穿着鞋在蹦蹦跳跳，除了自家的豆豆，还有同一个小区的2个小男孩，空调毯不知何时变成了大家的跳舞裙。保姆阿姨在外面看电视，见到主人后尴尬地说："我不知道你这么早回来，本来打算在你回来前收拾好的。"妈妈听了，还是摁不住怒气，不由分说地冲进房间把3个小孩子拎到了地上，还结结实实地教训了豆豆一顿。

【发掘方案】

妈妈爱干净固然不错，但是也要原谅豆豆的调皮，毕竟男孩子爱蹦蹦跳跳也很正常。为此挨骂会让小孩心生阴影，男孩的玩劣可能由此止步，但有可能他会用更倔强的姿态来面对你的粗暴。所以除了告诉他不能把床当舞台之外，还应当创造条件让他玩得自在，比如购置充气式地垫，让豆豆在地垫上玩耍，也可以带豆豆去参观儿童舞蹈班，或者带他去运动学校看看，看看是不是有点舞蹈或者运动天赋。这一类的智能就是这样开始培养的。

2.3 科学技能

【捣蛋表现】

欣欣的爷爷家养着很多植物，有高大的海芋，有漂亮的四季海棠，有石榴还有绿绿的富贵竹。每次欣欣都会围在爷爷身边，看爷爷把植物搬进搬出、浇水、松土，也就忍不住两只小手偷偷摸摸跟着摆弄，他常常制造点小麻烦，让爷爷哭笑不得。有一次大家发现海棠的盆子里冒着热气，过去一看原来是欣欣把自己喝的温开水都倒到海棠盆子里了，那是爷爷最喜欢的海棠花，于是他就给欣欣立了条规矩：绝对不准靠近花草，否则打屁股。

【发掘方案】

这样的处罚似乎严厉了些。换个角度看，欣欣并不纯粹是淘气，那天他听见爷爷嘴里嘀咕着要给植物浇水，才去"捷足先登"。至于温水，更是孩子的好意。"妈妈说小朋友要喝开水。"欣欣自己这么解释。所以为人父母，永远不要对男孩失去耐心，在你的诱导下，宝宝出格的行为也很容易得到解释。欣欣爷爷如果愿意教欣欣一些基本的常识并给他实践的机会，欣欣一定会乐于学习。一个愿意探究植物生长奥秘的男孩，长大后更有可能成为科学家。

2.4 逻辑探索能力

【捣蛋表现】

峰峰喜欢各种各样的汽车玩具，可到了手的玩具最后都离不开一个厄运：摔得七零八落、"尸横遍野"。父母如何劝说，他依然我行我素。那天他又把姑姑送的生日礼物——遥控警车给摔坏了，爸爸一气之下，就揍他一顿。峰峰哭得"伤心欲绝"，爸爸也头疼不已。

【发掘方案】

喜欢拆东西的孩子让人头痛，看着好好的东西变成一堆零件，有理智的人都会觉得来气。但这是孩子的杰作，你不能用成人的目光来判断好坏，正因为有好奇心，孩子才会这么做，如果他能无师自通学会安装，那你家一定有一个小天才。所以看着孩子一直走弯路把好东西给拆了，不如给孩子买儿童专用的拆装玩具让他慢慢拆，好好锻炼他的逻辑和探索能力。

2.5　交际智能

【捣蛋表现】

奇奇简直是个"小事儿妈"，无论发生什么事都要挤着小脑袋搞清楚。大人聊天，他口齿不清是非不分也要参与其中。奇奇还胆大不怕生，特别喜欢到邻居家串门儿，甚至玩到吃饭时间都不肯回家，好几次都在别人家完成了晚餐。这让平时行事规矩的父母俩尴尬不已，真不知道怎么生了这么一个爱轧热闹的孩子。所以，现在只要奇奇提出想出门玩，妈妈就毫不客气地说："不行！"

【发掘方案】

也许父母觉得男孩"太野"，但实际上是奇奇性格活泼爱交际，只是缺乏一些引导，容易让人觉得没"教养"。现在社会，人际交往是一门大学问，奇奇能在别人家蹭到晚餐，说明他是个讨人喜欢的小男孩。所以，奇奇父母如果善于引导，奇奇在交际这门课上将取得优异成绩。比如，邀请对方孩子来家里玩，让奇奇做一次东，并教他一些礼仪方面的知识，培养他待物接人的能力。这样，男孩的交际信心和能力都会不断增强的。

2.6　动手能力

【捣蛋表现】

左左很喜欢"玩家务"。每次妈妈动手包饺子，他都嚷着要参加。妈妈总是嫌左左碍事，不让他动手。左左就偷偷拽一块小面团放在手里玩，等妈妈发现时已经把白面团揉成黑面团。左左还总爱抢着扫地，结果地没扫成，却把垃圾筒给捅翻了，越帮越忙。于是，妈妈忍不住对左左吼："走开走开，再捣乱妈妈就打你了！"

【发掘方案】

很多父母都在抱怨男孩太懒，什么家务都不会做。可是男孩表现出劳动的主动性后，妈妈为什么还要粗暴对待呢？为了培养男孩的动手能力，妈妈不妨给孩子制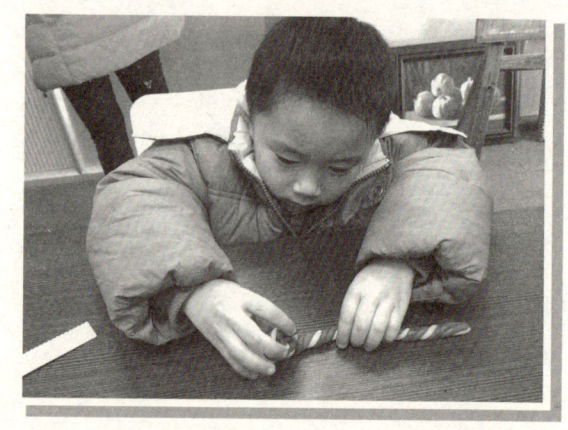造机会，保持男孩"玩家务"的热情。等男孩长大后变得聪明能干了，这自然是妈妈"给机会"的功劳。

2.7 观察力

【捣蛋表现】

屏屏的记忆力和观察力非常好，他常常会发现大人说话的漏洞，以"纠正"大人的"口误"为乐。久而久之，他便如一个"小大人"，总是与家人"据理力争"。家里人都认为屏屏聪明，欣然接受他的"教导"。可有一次，屏屏在听妈妈单位领导谈话时，不断"纠正"人家的读音，害得妈妈领导尴尬离开。妈妈对此又气又恨，便回家狠狠骂了屏屏一番，并警告他以后在家也不准当"大嘴巴"，否则就打屁屁。屏屏觉得很委屈，大哭了一场。

【发掘方案】

案例中的屏屏很单纯，并不知道如何对外人察言观色，只知道"见错纠错"，最后造成了尴尬的局面。这又能怪谁呢？如果父母不是只为屏屏的"聪明"洋洋得意，而是及时教他懂得分场合发表言论，那么屏屏就可以充分发挥观察力，而不至于"惹人嫌"。

总的来说，男孩的潜能挖掘得如何，这与父母平时的引导密切相关。那么，要培养可爱健康的男子汉，就需要父母细心发现和及时挖掘儿子的各种潜能，并为其制造发挥潜能的机会了。

3. 为"捣蛋鬼"骄傲

好奇的男孩总喜欢问父母"为什么"，如"太阳为什么白天出来"、"大雁为什么南飞"、"冬天为什么会结冰"……这些问题让父母觉得很头疼，不知道如何回答；调皮的男孩喜欢冒险、登高、爬树，经常弄得衣服很脏、伤痕累累，让父母不知道该怎么教育他们才好；调皮的男孩还有天生的破坏力，经常把家中的东西拿出来拆掉，让父母十分懊恼……

其实，这正是调皮男孩优胜于普通男孩的地方。他们对事物有更大的好奇心，对感兴趣的事情更愿意去探索、去学习，对于未来充满了自信和

渴望，往往比普通的男孩要聪明机敏很多。因此，这些男孩将来更容易成为优秀的人才，如科学家、发明家、音乐家、画家等。

曾一度令整个欧洲疯狂的联邦德国"电脑大王"海因茨·尼克斯多夫就是这样一个调皮的小孩，他从小就对家里的东西有很强的"破坏力"。有一次，他甚至把家里唯一的"家用电器"——收音机给拆了。如果按照中国父母的教育思维，也许早就把孩子臭扁或臭骂一顿了，但是海因茨的父亲没有责备他，反而在自己修理收音机的时候，让儿子在旁边观看。

也因为有了父亲的鼓励，海因茨更加喜欢探索研究。当他后来在一家电脑公司里当实习员时，还自己搞一些业余研究。最终，他获得了成功，创造出了一种简便、成本低廉的820型小型电脑。而电脑的改进，也让后人永远记住了海因茨。

海因茨的故事告诉人们，正是他的"调皮"使他去摸索探究，并最终取得成就。当然，父亲对他的影响也不容忽视。如果没有父亲的宽容和鼓励，海因茨也不会有那么大的热情继续研究下去，以致最后取得成功，成了父亲的骄傲。

所以说，父母不要以儿子的"调皮"为耻，而应该给予正确引导和激励，让他最终成为骄傲。

4．如何应对"捣蛋鬼"

有句教育箴言，说要想让男孩纯洁的心灵远离邪恶，唯一的方法就是用美德去占据它。面对精力旺盛、爱搞破坏的"捣蛋鬼"，父母们与其试图阻止或警诫他们，还不如用"美德"这只妙手引领他们走上健康快乐之道。

4.1 用美德替换坏品质

一位哲学家带着他的弟子来到郊外的一片旷野里，准备给弟子们上最后一课。哲学家问弟子：如何除去周围长满的杂草？

弟子们陷入沉思，他们给出了各种答案，有的说用铲子铲草，有的说用火烧，有的建议在草上撒上石灰，还有的说要斩草除根，只要把根挖出来就行了。哲学家听完后，站起身说："课就上到这里，你们回去后，用各自的方法除去一片杂草，一年后，再来这里相聚吧。"

一年后，弟子们都来了，他们惊讶地看着眼前的一幕：原来的旷野已不再是杂草丛生，而是变成了一片长满谷子的庄稼地。弟子们终于明白了哲学家的"最后一课"：要想除掉旷野里的杂草，方法只有一种，那就是在上面种庄稼。

这个故事告诉我们，要想除去一样东西，必须用另外一样东西来替换。这个道理用于教育中，那就是用美德来替换掉孩子的坏习惯或坏品质。

虽然在很多情况下，小男孩会因为没有成熟的判断力，而为了一个皮球跟小伙伴打架；会因为好玩，而口出脏言或者谎言；会因为父母或老师的批评，而对抗、逆反……这些时候，如果用更为可贵的美德来填充他的心灵，他就会慢慢变得懂事和可爱起来。这就需要父母们多关注宝贝，看他们需要哪种美德原料，以便因材施教。

4.2 化"捣乱"为"爱心"

5岁的孩子程程很调皮，妈妈很多时候都拿他没办法。

有一天，妈妈给他买了七色彩笔，他十分喜欢，便把它们装在书包里随身携带着。当妈妈带他到社区的小花园里玩，他竟要用彩笔在花园的小椅子、小桌子上乱画。妈妈告诉他这是不道德的行为，他就是不听。后来，妈妈转换方法，温和地说："儿子，你

在这些椅子上乱画，别的小朋友坐了，是不是会把衣服弄脏了？"程程点了点头。

"小朋友的衣服脏了，他会怎么样呀？""他会不高兴，还会被妈妈骂。"程程认真地说。"你希望这样吗？"程程摇摇头。

"那为了别的小朋友不被妈妈骂，咱们把画笔收起来好不好？""好吧。"没想到程程爽快地答应了。

　　这就是男孩的秉性，你给他讲道德、规矩，他可能听不懂也听不进去，但如果让他明白他的行为会对别人造成伤害，而如果停止这一动作，就是在帮助别人，他就可能欣然接受。

　　实际上，大多数男孩都有满腔热血，希望自己能为别人做些什么，以此来满足自己的表现欲望。因此，当男孩再"调皮"时，父母不妨把他的"调皮"化为"爱心"，让他自动放弃调皮行为。当爱心充满男孩的心灵时，他往往会把过多的精力用于做好事，从而变得乖巧懂事又不失自信。

第三节　冒险

引语

现代心理学家们认为五大基本因素影响着男孩的性格，即敏感性、交际能力、自控能力、开放性和对他人的关爱。而德国心理学家安德烈斯又发现了影响男孩性格的第六大因素——冒险精神。冒险精神是男孩成长过程中不可缺少的优秀品质，有冒险精神的男孩勇于承担风险，遇到困难与危险时勇往直前，敢于大胆迎接各种挑战。

1. 鼓励冒险

喜欢冒险，作为男孩子的特性之一，往往表现为好奇心强、积极探索。一位儿童文学家说："人应该有探索，有追求。而这些都要从小时候培养独立性和主动性做起。"这句话说明，男孩的冒险精神是从小在生活中得以发扬的。

因此，父母适当"放手"，为男孩制造冒险机会。这样，才能培养起男孩积极探索、勇于创新的精神。

有一对年轻夫妇，带儿子去爬山。爬山时，儿子显得很胆小。他一步一回头，不停地看着爸爸，希望爸爸把他抱上去。爸爸似乎有意锻炼他，便装作不知，自己不停地往上爬。

妈妈看了，非常担心。她怕儿子摔下来，又怕他磨破细嫩的小手。于是，她一会儿看看儿子，一会儿担心地嘱咐他一声，一会儿又喊前面的爸爸爬慢些。最后，儿子爬够了，不肯再往上爬。爸爸不得已，只好抱他上山。

这个小故事很常见，父母们的"护子心切"经久不衰。然而，这就是一次"隐性杀害"，把男孩的冒险因子夺走于无形之间。

其实，男孩的冒险精神正体现在生活的点滴里，父母一不留神，就会把它夺走。所以，聪明的父母们会支持、鼓励男孩去适当冒险，以培养他们的探索精神。

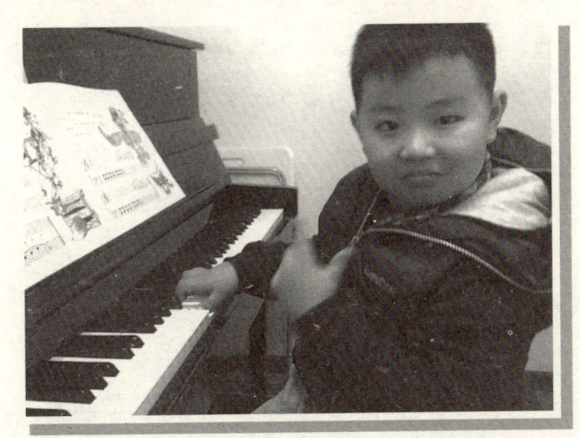

作为父母，要鼓励男孩勇敢冒险，体验陌生的事物，积极应对生活中的任何困难。但在鼓励孩子、放手让孩子参加冒险活动时，父母必须做好准备，尽力保证孩子不会在冒险过程中受到伤害，要给孩子提供很多关于冒险的知识。

　　培养冒险精神的责任主要在父亲。对一个要强的男孩来说，父亲可以使用激将法，以有效地让男孩鼓起勇气承担风险。同时，父亲的示范作用也对培养男孩冒险精神有重要意义，父亲可经常带孩子参加一些安全系数较高的冒险活动。以下是一个父亲的做法：

　　在一个闲暇的夜晚，父亲关了所有房间的灯，让儿子在一片漆黑中"探险"。他设定了游戏规则，让儿子在两分钟内找到家里摆放的一个物件，但不能碰触到其他任何物品，自己也不能摔倒，若儿子摔倒或限定时间内找不到东西，这次冒险失败。

　　在游戏过程中，父亲告诉孩子，某个房间里放了一条小狗，如果儿子在走动、拿东西时发出过大声响或碰到小狗，它可能会咬人。儿子知道房间有会咬人的狗，不愿意去，这位父亲就鼓励儿子，告诉儿子里面有他想找的东西，不进去就会失败，要接受惩罚。当然，那个房间里没有狗，父亲只是放了一只玩具狗在儿子肯定能碰到的地方，看儿子会有什么样的反应。

　　儿子开始有点害怕，不敢行动，但在父亲的鼓励之下，勇敢地迈出一步，最后，那个晚上就成为他最喜欢、最兴奋、最有成就感的一个晚上。

　　其实，男孩天生就像哥伦布，当个探险家是件非常令人激动的事情，在不畏艰险、相信自己、挑战自我的过程中，男孩子能够获得宝贵的实际经验，以及超乎想象的刺激体验。

2. 别介意男孩的"破坏"

　　男孩子由于受强烈好奇心的驱使，非常渴望对未知世界有所发现，他们的冒险探索行为便应运而生。但对男孩子来说，用眼睛看用耳朵听远远达不到探索的心理需要，他们更喜欢动手"冒险"。

而由于知识经验的不足，男孩子的冒险探索往往就是一种"破坏"。作为父母，要理解男孩子的探索心理，别对他的"破坏"大吼大叫。

皓皓是个好奇心特别强的孩子，经常拆卸玩具，探索其中的"奥秘"。

一天，趁妈妈不在家，他便偷偷"研究"起妈妈心爱的闹钟。他兴致勃勃地一点一点拆开闹钟，去探索闹钟的工作原理……

当他正在对闹钟"研究"得津津有味时，妈妈回来了。一看皓皓手里拿着闹钟，妈妈傻眼了，忍不住大叫道："你在干什么？"当她看到满地闹钟零件时，更加生气了："谁让你拆的？什么都拆，什么都破坏，越来越不像话了！"

听着妈妈的责骂声，皓皓满脸的不知所措。

很多父母因为对物品的爱惜，很难容忍男孩子的破坏行为。不过，为了维护男孩的探索精神，父母最好别冲着他吼叫，而是鼓励他把东西重新装好。对于特别贵重或心爱的物品，父母应该提前告诉男孩不要拆卸，或者干脆放在他找不到的地方。甚至，父母可以给男孩指定一些小物件，让他任意"破坏"。

3. 冒险也是探索

男孩的冒险心理，促使他们积极探索未知领域。鼓励男孩冒险，就是支持男孩去探索。

而人类，正是因为积极探索，才得以不断地进步。那些爱冒险探索的"破坏大王"，很可能就是未来的发明家。这些人的童年，又往往会有某个"榜样"在起作用，引领他们大胆"破坏"，积极探索。

在中松义郎的记忆中，外祖父是一个非常喜欢机械的人，外祖父常常把家中所有带机械结构的东西都拆得七零八落，然后再一一组装起来给他看。在外祖父的影响下，小中松也对机械有很大的兴趣，并频频开始拆卸各种机械。

长大后的中松义郎成了一名发明家，他创造过3200项发明，取得专利的有290件，曾15次在纽约世界发明竞赛中荣获最高奖，被尊称为"世界发明大王"。

可以说，外祖父就是中松义郎童年时的榜样，引导他勇敢"破坏"、积极探索，乃至最终取得成就。

因此，父母别对男孩的"破坏"太介意。作为父亲更应发挥榜样作用，引导男孩合理"破坏"，勇于冒险探索。

第四节　叛逆

引语

　　与调皮、冒险等特点一样，叛逆也是男孩的"本色"。到了一定年龄，他们的自我意识开始萌芽，便不再对父母完全听从，从而表现出反抗行为。换句话说，随着男孩子的年龄增长，父母的烦恼也会越来越多，不由不诉苦：男孩真难管！

1．所谓叛逆

　　所谓叛逆，是指忤逆正常的规律，与现实相反，违背他人的本意，常常做出一些出乎意料之外的事。

　　叛逆对于男孩来说，是一种"长大了"的感觉，一种强烈的自我表现欲。他们往往希望通过自己的"标新立异"甚至是"唱反调"，来引起别人注意，显示自己的"才能"。

　　与调皮、攻击和冒险一样，叛逆也是男孩子的共性。叛逆的男孩往往有以下几种心理原因：

（1）孩子的好奇心、求知欲得不到满足，以叛逆作为报复。

（2）成人不理解孩子的想法，以反叛形式来发泄愤懑。

（3）成人不尊重孩子的人格，以反叛来挽回自尊感。

（4）因反感父母的唠叨而做出抵抗。

（5）不顾孩子的个别差异、强行"定向"，以反叛形式来做为宣泄。

而青春期的男孩叛逆，更是基于两点：

1.1 得不到理解

青春期的男孩进入了"心理断乳期"，反抗性与依赖性同在，他们有了青春期的独立意识，但是还没有完全脱离童年期对父母的依赖感。

由于青春期的到来，男孩子有了成人意识，他们对待人接物方面都有了自己的看法。尤其是对待自己的体貌特征和穿衣打扮都有了自己的审美观，对异性也异常关注。

有的青春期男孩喜欢运动，疏于学习，他们的诸多变化不被父母理解，由此时常会和父母发生冲撞。而作为父母，往往对男孩

的对抗恼羞成怒，无法宽容青春期男孩的反抗，总是给青春期男孩当头棒喝。于是男孩对父母的残存的依赖性得不到满足，这样就出现了叛逆的现象。

1.2 得不到尊重

在父母眼里，男孩终究是自己的小孩，他就应该在自己的羽翼下享受保护，同时也必须接受他们的管制。

父母们对处于青春期男孩子的表扬与批评都赤裸得不加修饰，没有充分地尊重男孩，把他们作为一个独立发展的个体对待。因为得不到足够的尊重，所以青春期男孩产生了逆反心理。

青春期不等于叛逆期，只要男孩心理上被理解，叛逆就会远离他。因而，父母要学会看男孩的"闪光点"，放低姿态，多和男孩交流。

青春期男孩叛逆并不可怕，因为逆反心理在思维形式上与求异思维有相似点，父母要尊重和理解青春期男孩，积极地表扬、适时地指导。

2. 父母怎么办

针对男孩的叛逆行为，父母可以这么做：

2.1 倾听男孩的心声

鑫鑫的妈妈并不知道鑫鑫近期的行为属于叛逆期的反应，因此对于鑫鑫说的话，妈妈采取了置之不理的态度。

有一次，鑫鑫对妈妈说："我想买个篮球，周末的时候就可以打篮球锻炼身体。"妈妈听了马上就认为鑫鑫是想逃避写作业，给自己多争取玩的时间，于是一口回绝了。为此鑫鑫发了脾气，妈妈最后还是没有答应他。直到有一天，鑫鑫的妈妈从鑫鑫的同学那里得知，鑫鑫是真的非常喜欢打篮球，而且还带领他们班拿到了全校篮球比赛第一名的好成绩。这时，妈妈才知道错怪了鑫鑫。

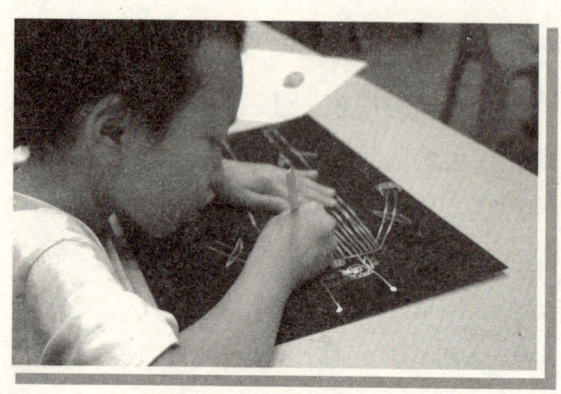

其实，男孩的叛逆期也是父母和男孩有效交流沟通的大好时期。这个时候，男孩如果觉得父母理解他信任他，他也愿意跟父母分享自己的心事，甚至求助于父母。而如果父母总是把他当小孩或怀疑他做坏事，他就会渐渐疏离父母，变得沉默叛逆。这对男孩的心理健康也很不利。

2.2 还男孩动手的自由

威威是一个非常懂事的男孩，但是最近他对妈妈的态度非常叛逆。

原来，在学校的时候，老师经常教育学生要学会独立做事，威威听了以后就特别想做点事情，以证明一下自己的"能力"。晚上回到家，做完作业后，威威提出晚饭后自己帮妈妈洗碗。可是妈妈却以"这个活不用你干"等理由拒绝了威威的请求。

没有做成自己想做的事情，威威可不高兴了，睡觉时故意不肯上床，很晚了还不睡。妈妈很生气，认为威威变得越来越叛逆了。

第二天，威威一家到姑姑家玩，午饭后威威又提起洗碗的事，妈妈再次重复昨天的理由，没想到姑姑却爽快地说："威威不错呀，长大啦！想自己洗碗是好事啊！够不着水龙头，我给你垫个小凳子！"姑姑的话一说完，威威马上就去洗碗了，而且洗得非常认真、干净。

可见，男孩的叛逆有时也是一种善意，更是一种独立心理的需要。父母只有及时意识到这点，放手让男孩自由发挥自己的能力，满足男孩爱表现的心理，男孩才不会因为受压抑而反抗父母。

同时，我们应该看到，男孩的这种叛逆，恰好说明他已经具备了独立思考的能力，开始形成自己独立的人格。这是可喜的事情，完全没有必要忧心忡忡。其实，男孩此时特别希望得到父母的赞许和鼓励。倘若父母给予了他支持与信任，那么他的"叛逆"就不会越走越偏，乃至误入歧途。其实多让男孩做事，又能增强他的动手能力和自信心，父母何乐而不为呢？

2.3　妥善处理男孩的"哭闹"

很多男孩，往往以哭闹方式来表达他对父母的反抗。这时，父母就会在一旁悄悄观察，不予理睬，这就是所谓的"冷处理"。实际上，这种"冷处理"方法往往奏效。男孩如果哭了一阵，发现父母并不重视他的哭闹，自己也渐渐觉得没意思，就会停止哭闹。

当然，在男孩哭闹之后，父母还应该心平气和地跟男孩分析道理，让男孩明白自己的行为会换来什么回应，在潜移默化中变得越来越懂事。

第五节　攻击

引语

　　攻击性也是男孩子的秉性之一，父母一旦引导不当，就会使男孩陷入自大或暴力的泥潭，远远偏离真正男子汉的形象。所以，父母要细心发现儿子的"攻击"苗头，并及时给予"温柔"指导，让男孩变得温和而不失原来的勇敢。

1. 何谓攻击性

　　儿童攻击性行为是指儿童受到挫折时，由愤怒情绪表现出来的用言语或身体向一定对象攻击的行为。儿童的攻击性行为一般分为两类：

　　（1）直接攻击。这是指对构成儿童挫折的人或事用言语、表情、手势甚至打的方式立即做出反应，直接攻击。

　　（2）转向攻击。这是指或是慑于对方的权势而不敢直接攻击，或碍于自己的身体不便进行直接攻击，再或者是因为挫折的来源不明，如莫名的烦恼或内分泌失常等因素引起的情绪冲动，将怒气发泄在他人或其他事物上。

那么，儿童攻击性行为具体有何表现呢？一般是这样：

1.1 爱骂人

喜欢与人争执，好胜心强，往往遇到一件小事非争赢不可，稍有不满便用粗话骂人。

1.2 爱生气

情绪不稳定，脾气暴躁，个性执拗，时常乱发脾气，稍不如意就可能出现强烈的情绪反应，如哭闹不止、叫喊、扔东西或用头撞墙等。有时还会出现屏气发作现象，即大声号哭之后，呼吸暂时停止，严重时可能伴有痉挛现象。

1.3 爱冲动

自控能力差，经常向同伴发起身体攻击，如打人、咬人、推人、踢人等。或者惹是生非，戏弄、恐吓、欺负同龄儿童或比他小的儿童，抢占抢夺他人玩具和物品。

儿童的攻击性行为，还具有明显的性别和年龄差异。

一般来讲，在儿童成长发育的早期，往往出现争吵、打架、说谎、骂人、破坏等攻击性行为，而且男孩的发生次数比女孩多。随着年龄的增长，这种性别差异表现得越来越明显。

比如：4岁前，男孩和女孩大多相互踢打、哭叫。4岁以后，男孩则打得多叫得少，而女孩往往只有被打的份儿。这就是男孩与女孩的差异，前者的攻击性越大越强，女孩的攻击性则随年龄增长而明显减弱。

专家研究发现，幼年时期攻击性强的男孩成年后也大多富有攻击性。青少年的暴力犯罪行为就是幼年时期攻击性行为的延续和发展。其中，男孩犯罪率明显高于女孩。

这是因为，攻击性行为往往被看成是男性行为的组成部分，为社会所认可、所接受，甚至鼓励，于是男孩便毫无顾忌地表现暴力。而女孩一旦表现出暴力，便会受到惩罚或制止，于是女孩自小就学会抑制自己的行为，变得稳重、安静、平和。

所以，父母们要特别注意在男孩的幼儿时期，及时制止他的攻击性行为，让他懂得"伤人不利己"道理，从而培养出勇敢而稳重的男子汉。

2. 男孩都爱车与枪

车和枪这些刚性的器械，似乎在男孩很小的时候就成了他们亲密的"伙伴"。在我们身边也不乏这样的情景：很小的男孩见到车就跃跃欲试，看到枪就视若珍宝，而对其他的毛绒玩具则置若罔闻，或者玩玩就丢掉。

美国的一项研究很好地解释了男孩爱车与枪的现象：男性体内流着好战的血液，基因决定了他们对武器和车的热爱。从历史角度看，男性从祖辈那里遗传了征服自然、保护弱小的使命，武器成了他们的随身携带物。武器在古代主要是弓箭、石块或铁器等，而当它们变为现在的手中枪时，

男性便也自然而然地接受并迷上它们。

英国儿童、中小学与家庭事务部曾出台一项建议，希望幼儿园能鼓励男孩玩玩具枪，认为这有助于激发孩子的学习兴趣。他们将这项建议命名为"自信、能干和创新：支持孩子成绩"，目的是在上小学之前提高孩子的学习成绩。

建议说："孩子会从媒体上获取形象和想法，这通常是他们玩耍的起点，其中可能包含拥有特殊力量和武器的人物。成年人会觉得这种玩耍有挑战性，并有一种本能去阻止它。然而只要幼儿园工作人员教育孩子理解和尊重其他孩子的权利，那就没必要去阻止他们耍玩具枪之类的玩具武器。相反地，这样能更好利用他们的爱好，让他们对学校更感兴趣，并在学习上表现得更好。"这是因为，他们的研究表明：3～5岁男孩在幼儿园的学习表现不如同年龄段的女孩，而这种趋势一直持续到中学。

英国儿童和青年司法事务大臣贝弗利·休斯支持这项建议。她说，男孩子一般喜欢"猛烈"一些的活动，儿童、中小学与家庭事务部的建议符合这一实际。

　　这项建议虽然受到很多非议，甚至最终并未得以实行，但是男孩子对车、枪的喜爱还是得到了理解。只不过，枪毕竟是伤人性命的危险物品，加上男孩冲动和攻击的本性，父母们更多希望对"持枪"行为的控制，而不希望男孩形成"持枪合理"的观念。

　　另外，北京大学心理学系博士肖震宇明确指出，对车的热衷，也是男孩控制欲的表现。对于大一点的男孩，父母和社会都会要求他们勇于承担责任，学会保护女孩和弱小群体，这就会激发他们更强的控制欲，而枪和车则被认为是征服和控制的最好手段。

　　总之，车与枪象征着激情、速度和攻击，这恰恰是男孩子攻击性和表现欲的发泄方式。如果小时候让他们玩玩车与枪，并警诫他们"持枪"是为了维护和平而不是为了侵略或报复别人，这不仅可以让男孩得以宣泄情绪，而且能培养起他们的正义感，何乐而不为？所以，培养出男子汉还是暴力狂，这就要看父母的功力了。

3. 要"温柔"攻击

　　虽然说，父母们可以理解男孩子对玩具枪的热衷，给他们买来玩玩也可以。但是，现在的玩具枪仿真性做得特别好，子弹的威力也不小，若是打在人的身上，伤害不容忽视。加上男孩不知轻重，只为好玩，往往就玩出"事故"。况且有的"枪"被非法改造过，变成有杀伤力的武器，若是被男孩误用，更是伤人于无意识。下面这个故事，正是男孩在无意中用改造过的"枪"射击玩伴而造成的悲剧：

　　2014年2月3日下午4时许，几名小朋友在××县黄土镇张桥村一民房里玩枪战游戏，其中一名7岁孩子被同伴拿出的射钉枪打死。

据附近村民介绍，事发时，几个小朋友一起在小刚家里玩枪战游戏，距离小刚家不远的李明（化名）也来参与游戏。在玩游戏过程中，11岁的小刚从家里拿出一把射钉枪来显摆。令人意外的是，他将仅7岁的李明当场打死。

据办案民警介绍，该射钉枪为火药动力，枪管经过改装加长，以钢珠为子弹，正中死者眉心，当场死亡。

这次"枪杀"伙伴的悲剧，完全在孩子们意料之外。因为小刚不知道改装后的"枪"已经具有杀伤力，射杀玩伴，纯粹是一种男孩式的表现欲。而对准同伴的头部而不是其他部位，又说明他没有受到相应的教育——无论如何，头部是危险部位，不能拿来开玩笑，这就是其父母的责任了。

所以说，男孩子玩"枪"可以，但首先得受过思想洗礼——绝不能攻击人身。同时，男孩的"枪"也最好不要对准家里的贵重物品，而是模拟一些受体如气球、纸板等进行射击。

可以说，男孩的"温柔"攻击，来自妈妈的"温柔"指导。而"温柔"就是不伤人身或重要物品，且时时谨记"枪"的核心意义在于维护和平而不是侵略或报复。

第六节　恋母情结

引语

　　恋母情结是男孩在其成长过程中的某个阶段（一般是在哺乳阶段），在潜意识里有一种把母亲占有为爱人，而把父亲作为竞争对象的心理，这种"不道德"的欲望导致了他们以后的个性倾向。当他们渐渐长大，恋母本能就会给他们带来焦虑与恐慌，以至于需要以攻击或反叛来发泄情绪。而攻击反叛的同时，又不可能离开对母亲的精神依赖，因此，外表强悍而内心脆弱便是这类男孩子的心理特质。

1. 恋母情结及其表现

　　恋母情结又称俄狄浦斯情结，奥地利著名心理学家弗洛伊德对此有很精辟的解释：

　　俄狄浦斯是底比斯国王莱乌士与王后约卡士达所生的儿子，由于神谕在他未出生时便预言他长大后会弑父娶母，所以他一出生，便被抛弃野外。但他命大，并恰巧被邻国国王捡回收养，还做了该国王子。后来他因不明身世而去求神谕时，得知自己命中注定弑父娶母，便毅然离开养父母的国度。

　　在离家的路上，俄狄浦斯碰到了莱乌士国王，也就是他的亲生父亲。但他不知道真相，在一次冲突中，就阴差阳错地杀了父亲，应了神谕。后来，他在底比斯解答了挡路的斯芬克斯（希腊神话之人面狮身怪物）之谜，挽救了那里的国民，因而被拥戴为王，同时娶了原来的王后，即自己的亲生母亲。

　　俄狄浦斯在位期间，国泰民安，并与他所不认识的生母生下二男二女，直到后来底比斯发生了大瘟疫，国民再度去求神谕，才查出他无意中弑父娶母的真相。悔恨悲痛的俄狄浦斯最后弄瞎眼睛，自我放逐了。

　　这就是恋母情结的源头，虽然当事人并不知道真相，但在潜意识里确实对母亲怀着强烈的感情。

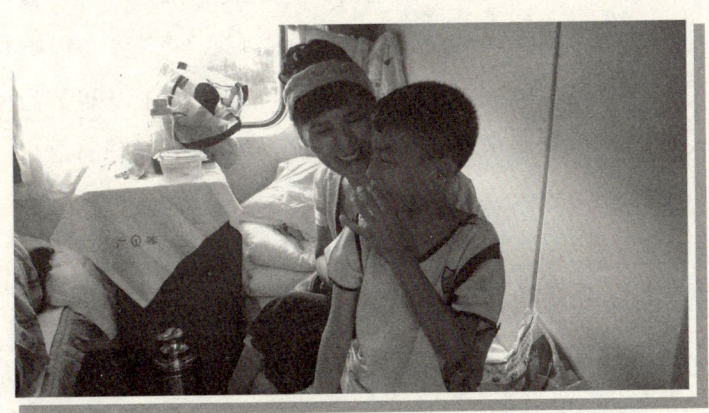

对于男孩子来说，恋母情结也是他们人际关系的源头。男孩从一出生开始，便有母亲的陪伴、呵护，与母亲发生最早的人际关系。长大后，男孩子的各种人际关系都不同程度地受到恋母情结的影响。

以下，便是不同年龄段的男孩子恋母的表现：

1.5～3岁时，宝宝对母亲的敏感性和依赖性最强。如果妈妈过分保护和溺爱男孩，就会无意中延长男孩的恋母期，不利于男孩独立性的培养。

3～6岁时，宝贝的恋母情结主要是表现为非常粘母亲，不愿意与除母亲之外的人有太多交流，甚至不愿意上幼儿园。

进入青春期后，男孩子的恋母对象不再是自己的亲生母亲，而是母亲的替代者，于是，朋友、老师或明星等成了他们喜爱或崇敬的对象。

随着年龄的增长，恋母的对象逐渐年轻化，最终被同龄人所取代，因而产生真挚的友情或爱情。

总之，恋母情结是男孩子潜意识里的情感形态，无可厚非。但是，他们如果不能尽早克服对母亲的依恋心理，势必影响自身独立能力和与人交往能力的发展。因此，父母们在以儿子为傲的同时，要帮助儿子克服依赖感和提高人际交往能力。只有这样，儿子长大后才能成为顶天立地的男子汉。

2. 如何帮助男孩"断奶"

恋母情结浓厚的男孩，对母亲的依赖性特别强，做事也是缩头缩尾，且不敢担当，俨然一个"软包子"。这种不勇敢、不负责的男孩子，往往不受人欢迎，因此渐渐变成孤家寡人，成了社会弃儿。因此，爱子心切的父母们一定要注意对男孩保持距离，把握好爱的尺度。

那么，如何才能淡化男孩的恋母感呢？以下方式可以多尝试：

2.1 让男孩与父亲多接触

父亲往往与儿子相处较少，这是由其社会角色和职责决定的。但研究表明，父爱对男孩的作用不可取代。父爱充足的男孩，生活独立感、学习自信心方面比较强。而与父亲接触少的男孩，体重、身高、动作等方面的发育速度都要落后一些，也容易担惊受怕、烦躁不安、精神抑郁、多愁善感，缺乏男子气概。

所以，父亲多花时间陪陪儿子，不仅可以淡化男孩的恋母情结，而且能使男孩的人格更加健全。

2.2 让男孩与其他亲人接触

让男孩同其他亲人多接触，以培养广泛的亲情。比如，请孩子

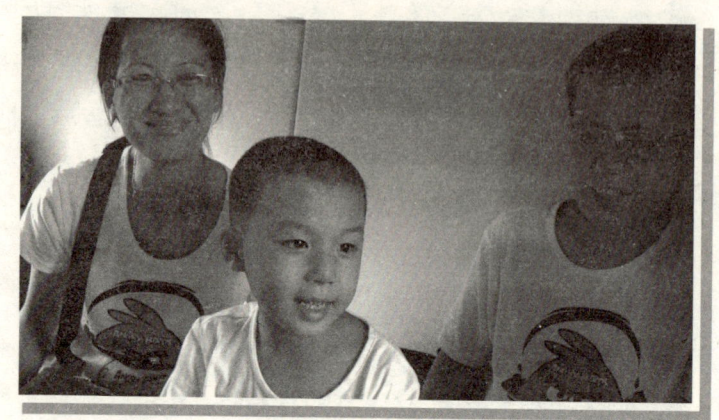

的爷爷、奶奶、外公、外婆、阿姨、姑姑等亲人来家中做客、小住。或者让孩子到亲戚家中去生活一段时间，尽量让男孩适当离开母亲，逐渐减弱恋母性。

2.3 多为男孩找小伙伴

多为男孩找小伙伴，培养他对同伴的感情，也可以淡化他的恋母性。比如，让孩子与小伙伴们互相串门，一起玩耍，使孩子逐渐体会到生活中不仅有母子之情和亲人之爱，还有伙伴们之间的友情。这样，又可以培养男孩的社交能力甚至是领导能力，可谓一举多得。

2.4 减少对男孩的亲密动作

不要经常对男孩做对婴儿般的亲昵动作，如过多地亲吻、拥抱、抚摸等。要让男孩意识到自己已经长大了，不再需要妈妈像对待婴儿那样对待自己，从而减弱对母亲的依赖性。这样，男孩也容易养成独立思考、自主解决问题的好习惯，而不是一遇事就慌张，需要母亲的帮助。

2.5 多让男孩独处

给男孩多一些空间自己玩耍，对消除男孩的"恋母情结"有好处。比如，让他独立地读书、看电视、听故事等。男孩自身的活动多了，自然就不会赖着妈妈不放。

有些男孩晚上非要妈妈搂着睡，否则就不肯入睡。这种男孩往往较瘦弱、胆小、爱哭，缺乏独立性。培养其独睡习惯，也有助于消减其对母亲的依赖。

总的来说，让男孩多与母亲之外的人相处或独处，有助于淡化其恋母情结，增强其独立性和社交能力，甚至塑造其健全人格。所以，父母们要及时给男孩的心理"断奶"，让他尽早展现男子汉气概。

第七节　英雄主义

引语

英雄主义是人所具有的不甘落后，不愿平庸无闻地生活和工作，喜爱做出超常的惊世之举的一种精神风貌和意志品质。罗曼·罗兰说："只有一种英雄主义，就是在认清生活真相之后依然热爱生活。"

1. 何谓英雄主义

英雄这个词语，在众多国家的语言里都是褒义。也就是说，人们都是对这种角色持支持和肯定的态度的。然而，每个国家的价值观和文化背景不同，所以就有了不同的英雄。

美国是典型的个人主义代表的国度，人们信仰自由平等，喜欢彰显个人特点，所以英雄不仅为了大众而奉献，更添加了更多的自我特色，电影里的蜘蛛侠、闪电侠、钢铁侠不都是这样吗？他们有着自己的特点和魅力，于是征服了大众，成为英雄的一部分。

我们国家人口众多，人们的价值观多受到"集体主义"的影响，所以我们的英雄常常是为了众多人的利益来奉献自己，从而成为大家眼中的勇者。

比如，传说中甘冒受天帝惩罚之险为人类射下九个太阳的后羿，就是人们心中的真正英雄。这也是我们中国式的英雄——不惜牺牲自己，为民除害。

2. 男孩的英雄情结

由于荷尔蒙的作用，男孩子的爱冒险、爱表现等特征可以归结为英雄情结。也可以说，每个男孩都有一个英雄梦。

在男孩子心目中，英雄是一个具有完美形象的人——威武、高大、正义、勇敢，因此他们很乐意以之为榜样，进行沿袭模仿。

那么，男孩子的"英雄"表现主要从哪里来的？首先，是他的父亲；其次，是故事、漫画、动漫片等里面的人物，如奥特曼、钢铁侠、海贼王等。

一位母亲在日记里，记录了这样一件事情：

星期天，我带儿子去了一个规模很大的儿童商店买衣服，我问儿子："你喜欢哪一件？"

儿子似乎对买衣服并不感兴趣，他瞄了一眼货架，很干脆地说："都不喜欢。"

"这件不好吗？你看，有一道蓝边，你不是最喜欢蓝色吗？还有一个可爱的卡通图案呢。"

"不好看。"

"不好看吗？那你看看其他的有没有喜欢的？"

这时，儿子开始漫不经心地搜索其他货架，突然，他眼前一亮，迅速上前扯出一件T恤说："我喜欢这件，这件有奥特曼！"

我看了看那件T恤，果然有一个奥特曼图案，但这件衣服的做工很粗糙，面料也不好，是典型的劣质廉价商品。

"这件不太好，咱们换一件吧？"我试图劝说儿子，可是他一副执着的模样，我只好给他买下。

回到家，儿子就迫不及待地换上新衣服，美滋滋地找小朋友玩去了。"看，我的奥特曼！"儿子看见小朋友，马上就说。

那小朋友立即挺胸回应："我也有奥特曼！"果然，他的鞋上也绣了一个奥特曼的图案。

从此，这件"奥特曼"衣服成了儿子的最爱，每次洗完澡后他都会迫不及待地穿上。

细心的父母都会发现，男孩子喜欢奥特曼简直到了入迷的地步。他们会让父母给他们买奥特曼的图书、奥特曼的VCD、奥特曼的模型；他们还常

常模仿奥特曼的语言和动作；有时，他们还会发扬"奥特曼"精神，和马路旁欺负小花狗的大狗作斗争……

对于男孩的英雄情结，父母首先要理解他们，不嘲笑他们的"不自量力"，更不能责怪他们"惹是生非"。实际上，如果父母引导得当，男孩的这种英雄情结，不仅有利于他们男性气质的培养，更能使他们尽快成长为真正的男子汉。

3. 英雄本色

现实生活中，英雄不一定要像奥特曼那样去拯救世界、捍卫和平、从起火的房子里救出小孩，或者把抢钱的强盗赶跑。因此，父母必须让那些渴望做英雄的孩子明白：英雄应该具备什么品质。真正的英雄是勇敢的、不畏艰险、真诚、关心他人、舍己为人、积极进取、挫而不折的。

放学了，诚诚和好朋友威威一起回家。刚走出校门不久，就看到一帮孩子在打架。"我们也去看看吧。"威威建议。

诚诚摇头说："打架是不好的行为，我们还是回家吧。"

"你真是胆小鬼。"威威嘲笑他。旁边的孩子也跟着起哄，可是诚诚并没有当回事。

过了几天，小伙伴去小河边玩耍，一不小心，威威掉进了水里。

"救命！"威威不会游泳，他慌了神，拼命地在水里挣扎。

小伙伴吓坏了，大家有的跟着喊"救命"，有的躲得远远的，没有一点主意，就是会游泳的孩子也不敢下水帮助威威。眼看威威一点点下沉，形势万分危急。就在这时，诚诚看到了这一幕，他毫不迟疑地跳进河里，在关键时刻把威威拉上了岸。

从此，小伙伴再也不嘲笑诚诚是"胆小鬼"了，他也因此而成为小伙伴心目中的小英雄。

由此可见，男子汉的权威是在生活中的一些不起眼的小事中树立起来的。也许有的男孩打架确实很厉害，很多男孩都怕他，但很少有男孩会认为他是英雄。而像故事中的诚诚一样，不畏艰险、舍己为人的男孩，往往会成为很多男孩心目中的英雄。

当然，父母还要告诉这些男孩，当英雄是光荣的，但要量力而行。如故事中的诚诚，如果他不会游泳也跳下水去救人，只能使情况更加糟糕。

所以，父母一定要告诉男孩，只有在力所能及的情况下，才可以去做英雄。同时，父母还要给男孩讲一些在英勇行为中保护自己的方法。

4．善待英雄

家有男孩的父母们多有这样的感受：儿子太爱管闲事，尤其爱打抱不平。比如，他看到家里的小狗在欺负小猫时，他会把小狗追得满屋乱跑；当他遇到高年级的学生欺负小学生时，他总把拳头攥得紧紧的，想跳出来为小学生讨个公道。

其实，爱打抱不平是男孩一种本能的反应。每个男孩都有英雄情结，他们总是同情弱小，希望正义永远战胜邪恶；他们常常幻想自己能够身怀绝技，去与恶势力作斗争，让自己成为人们心目中的英雄。因此，当男孩们看到邪恶势力占据上风时，或者看到有人恃强凌弱、以大欺小时，他们往往会情不自禁地攥紧拳头，想为正义而打架。

5岁的健健总爱打抱不平。这天，爸爸把他从幼儿园接回家后，发现他的脖子上有几道不太明显的划痕。爸爸问他是怎么弄的，他先是不说，后来在爸爸的慢慢引导下，他才说出了事情的真相。

原来，今天，他们班的一个"小霸王"乱揪一个女生的小辫子，还用彩笔在这个女生的衣服上乱画。当时正好老师不在，于是健健就控制不住自己爱打抱不平的情绪，走上去与"小霸王"较量，那几道划痕便是那"小霸王"所赐。

听了儿子的叙述之后，爸爸没有责备他的打架行为，而是为儿子的行为拍手叫好："好儿子，你是个打抱不平的小英雄，爸爸支持你的做法。"

"可是，你和妈妈还有老师都说，打架的孩子不是好孩子。"健健吃惊地而又有点不好意思地对爸爸说。

"你这是英雄行为，爸爸鼓励你。但是，打架并不是最好的解决办法，你可以心平气和地跟那位欺负人的小朋友讲道理呀，也可以动员别的小朋友一块跟他讲道理呀。如果大家都反对他，他就不敢再欺负别的小朋友了。你说对吗？"

健健很认同地使劲点了点头。

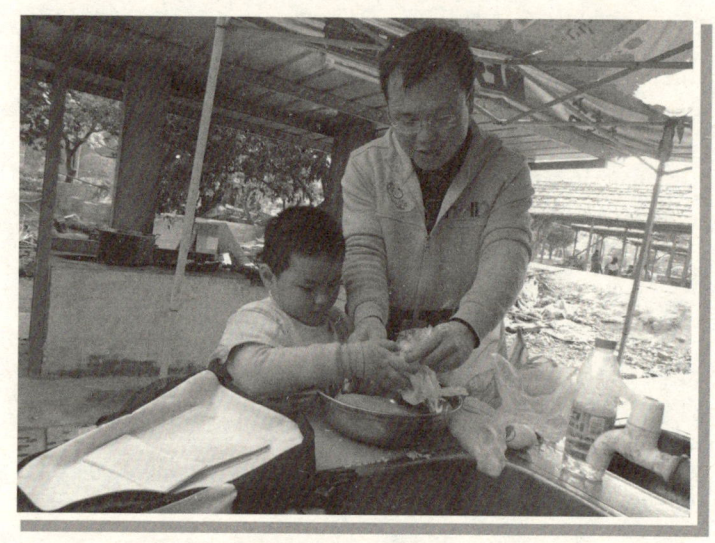

当男孩因为打抱不平与别人打架时，做父母的不要先忙着批评男孩的打架行为，而要先表扬男孩的英勇行为，肯定男孩的打抱不平是正确的，满足男孩的英雄心理。然后再告诉他，除了打架之外，还有很多方法可以帮助弱小者脱离困境。

另外，在日常生活中，父母们也可以让男孩做一些力所能及的事情，如让男孩帮忙扔垃圾、帮妈妈拎一些轻便的购物袋……这不仅能够满足男孩的英雄心理，而且有利于男子汉气质的培养。

5．让英雄发挥作用

在男孩心目中，英雄是伟大的、神圣的，因此，很多男孩都以心目中的英雄为榜样。所以，很多明智的父母抓住了男孩的这一心理，轻易地让男孩改正了缺点。

男孩峰峰很听话，但就是有个不好的习惯——喜欢赖床。每天早晨，无论妈妈怎么叫，他都装作听不见。后来，妈妈想到了一个对付儿子这种坏毛病的好办法。

原来，峰峰很喜欢奥特曼，并把奥特曼作为自己的偶像。因此，妈妈抓住了他的这种心理，每天当峰峰该起床的时候，妈妈就对他喊："奥特曼，怪兽来了……"峰峰一下就来了精神，眯着眼睛在被窝里笑，过一会儿，便会大声回应妈妈："我是奥特曼，你是怪兽，嗨……"便从床上爬起。

每个男孩身上都会有很多缺点，如挑食、不讲卫生、不懂礼貌等。父母可以借助他崇拜的某位英雄的形象、英雄的语气去引导他们，不仅能让男孩改正缺点，还可以让他们向更高的要求发展。

不过，幼小的男孩往往分不清英雄的真正意义，这就需要家长给予正确的引导。下面的案例，是来自一位父母的困惑：

我儿子看了一些武打片以后，就迷恋上了舞枪弄棒，处处逞强，以武林高手自居，以为不怕死、敢冲敢打就是英雄，搞得我们做父母的非常担心，生怕他这样下去会弄伤了自己或别人。请问，我们该怎么办呢？只要我们一说他，他就哭着闹着说我们不让他做大英雄，我们怎样才能对他解释清楚呢？

儿童时期的男孩崇尚英雄、崇尚英雄的勇敢是一件很正常的事。他们往往还会对心目中的英雄形象和事迹进行模仿，且这种模仿往往具有盲目性。如果父母能理解他的这种英雄模仿行为，并给予正确引导的话，男孩长大后就会是一个勇敢的男子汉。

因此，针对男孩崇拜英雄的特点，父母们首先应表现出理解和尊重。只要不过分，不影响学习，适当的崇拜偶像是青少年在青春期的天性，不需要横加干涉。第二，孩子对于英雄的崇拜，父母应引导孩子客观、公正地认识英雄，学习他们的优点，摒弃他们的缺点，让英雄的优秀品质指引孩子走向正确的道路。

根据案例中提到的，英雄具有两面性，他有优点，就必定有缺点，这是无可争辩的事实。父母应当引导孩子"择其善者而从之，其不善者而改之"。对于正处于懵懂时期的孩子，太过沉迷于英雄的"行为"是百害而无一利的，家长的引导就显得尤为重要。

作为家长，可以向孩子引荐实际的英雄事例，描述父母认为的英雄品质。比如，某个家庭向另一个家庭在危急时刻伸出援助之手，或者急救人员挽救了生命。将其与我们现实的生活紧密相连，并且使之真实化。

第二章

健康维护

第一节　心理阳光

引语

　　当前，青少年儿童的心理健康问题日益凸显，父母们往往为之苦恼。因此，从小培养男孩的阳光心理，显得意义重大。

1. 感受幸福

　　感受幸福，是一种能力。父母要多关心男孩的心灵成长，让男孩学会感受幸福。男孩获得幸福的渠道有很多种，比如：

　　学会感恩，在感恩中体验幸福。
　　发现优点，在赞美中感受幸福。
　　正视挫折，在追求中储存幸福。
　　学会慷慨，在奉献中获得幸福。

　　要让男孩学会感受幸福，父母们要做到以下几点：

1.1 "假装"无知一点

当男孩问为什么的时候,父母要"假装"无知一点,不要直接给男孩答案,而是热情地邀请男孩与自己一起去寻找答案。

比如,儿子问:"妈妈,花儿为什么是红色的?"妈妈答:"这个,这个高难度的问题我还真的不知道呢!来,我们一起来查查资料,看看花儿为什么是红色的?"

在妈妈带男孩寻找答案的过程中,男孩不仅学会怎样使用查找工具,还知道花儿红的奥秘,甚至可能从此对化学和生物学充满兴趣!而男孩在自己找到答案的成就感中,获得幸福。

1.2 "假装"笨一点

当父母想要锻炼男孩的动手能力时,可以"假装"笨一点,请求男孩帮忙完成,男孩在接到请求后,动手能力和探索欲就开始被激发了。

妈妈买回一台新的微波炉,妈妈一进家门就大喊:"宝贝,快来帮妈妈看看这个微波炉怎样装起来,怎么使用?"男孩一听,这么大的一件事情妈妈请他帮忙,就会感到很自豪。他不仅爽快答

应，而且会仔细查看说明书，帮助妈妈把这个微波炉装好并教妈妈
怎样使用。

妈妈这样"笨"的次数多了，男孩的自豪感、幸福感就逐渐增
加了。

1.3 民主一点

当男孩执意要做某件事情时，父母要民主一点，耐心倾听男孩
的想法。如果男孩的观点合理，父母应该给予鼓励和支持；若男孩
的观点有偏颇，父母就要温和引导，让男孩心服口服，以避免产生
亲子矛盾。

这样，男孩在解决问题的过程中，既感觉到父母的鼓励和精神
支持，又因有机会亲力亲为而感到幸福。

2. 坚持自信

自信，是一种力量。一个自信自立的人，无论何时何地，都能
从容微笑，自在安然。

自信心也是男孩成才与成功的前提条件。一个缺乏自信的男
孩，即使脑子聪明，反应灵敏，也不敢充分发挥潜力，很难成
功。

而培养男孩的自信心，就是赋予他们超越自我、创造美好人生
的能力。

2.1 安全感维护自信

有安全感的男孩，才会有自信。

丁丁今年12岁了，性格内向，在学校总不爱说话，也不爱笑；喜欢低着头，因为这样才会感觉有安全感。他不想让别人看到他，否则会很不自在，但究竟为何会这样，他说他也不知道。

很明显，这样的丁丁是极其不自信的。案例中最直接的表现是他对自己外表的不自信，反映的其实是他内心对自己的不接纳和否定。

若孩子的安全感没有得到满足，是不能建立自信心的。所以，在男孩成长的每一步上，父母都要让他有安全感。比如，幼儿学走路时，父母会让他在平坦的而不是坎坷的地方学步。这样，男孩即使摔倒了，通过父母的鼓励也会再次鼓起勇气继续走路。而在坎坷的地方摔倒，痛感会削弱男孩的安全感，他就很难再有勇气继续往前，自信心的建立更是无从谈起了。

两位4岁的男孩在公园荡秋千，一位妈妈扶男孩坐上秋千后就用手轻轻地推，还边推边哼歌曲，让男孩很放心很快乐，恋上秋千；另一位妈妈则等男孩一坐好就猛推一把，害得男孩呼叫连连，不一会儿就吵着要下秋千。

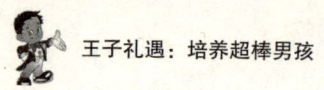

可见，男孩的安全感得不到满足，就很难建立起自信心。

2.2 成就感鼓励自信

男孩有成功的表现或得到肯定的评价，就容易建立自信心。例如，一个3岁的男孩给妈妈画了一幅画像，拿给妈妈看，妈妈若称赞他"你画得真好"，对男孩建立自信心就起到重要的作用。相反，如果妈妈说："你画的妈妈一点都不像"，这就会伤害男孩的自尊心，可能使男孩从此失去绘画的乐趣和信心。

有一位5岁半的孩子，写字很用心，父母对他经常鼓励，可是因为比起同龄孩子并不算优秀，无法得到老师的表扬。孩子的父母并没有因此给他施加压力，而是坚持鼓励儿子，给他信心，并且坦诚地与老师交换了一次意见。后来，老师再也不将这个孩子的字体与同班其他同学的字体比较，从而帮助这个孩子建立了写字的信心。

父母要理解学习是一个过程，优秀是需要坚持磨练才能造就。因此，要对男孩很宽容，要巧妙地为男孩制造成就感，以培养男孩的自信心。

2.3 愉悦环境孕育自信

男孩需要一个愉悦的学习氛围。当父母引导男孩学习时，要面带亲切的笑容、使用建设性的语言，尽量使用"你一定可以"、"我们慢慢试着做"等温柔的话语。

当男孩"成功"时，父母应给他们适当的奖励，可以送给他们小小的奖品。不一定是奢侈的礼物，可以是一张小卡片、一只纸船、一个皮球。这些奖励会使男孩更加努力。

2.4 赏识男孩的点滴进步

成人的评价对培养男孩的自信心至关重要。幼儿时期，成人对男孩信任、尊重、承认，经常对他说"你真棒"，男孩就会看到自己的长处，肯定自己的进步，认为自己真的很棒。

反之，经常受到成人的否定、轻视、怀疑，经常听到"你真笨、你不行、你不会"的评价，男孩也会否定自己，对自己的能力产生怀疑，从而产生自卑感。

比如，让4岁的男孩自己穿衣服，妈妈不需要说："你现在自己穿上衣服，下午就给你买雪糕。"而只需说："我想你已经长大了，能够自己穿上它了。"

在这样的提示下，当他努力穿好了衣服，便会觉得自己确实长大了，并在往后的努力中巩固这种感觉，从而大大增强自信心。

3．乐观开朗

乐观开朗既是一种心理状态，也是一种性格品质。乐观开朗的男孩情商高，多惹人喜欢，成功的机会也多。父母可以从以下几个方面培养男孩乐观心态。

3.1 创建快乐的家庭氛围

家庭的气氛，家庭成员之间的关系，在很大程度上会影响男孩的性格的形成。研究表明，男孩在牙牙学语之前就能感觉到周围的情绪和气氛。一种快乐轻松的家庭氛围，能使男孩放松自己、乐观生活。而一个充满敌意和暴力的家庭，绝对培养不出乐观开朗的男孩。

3.2 对男孩严慈相济

对于男孩，父母不要不管不顾、放任自流，也不要控制过严、压制男孩的童真天性。父母要根据男孩不同年龄段的特点进行不同的引导，让男孩在温暖而不失规矩的家庭氛围中自由、快乐地成长。这样，男孩的乐观开朗性格也就渐渐形成了。

3.3 鼓励男孩多交朋友

不善交际的男孩大多性格抑郁，因为时时可能遭受孤独的煎熬，享受不到友情的温暖。因此，父母要鼓励男孩多交朋友，父母可让男孩多接触同龄人，一点点地积累社交经验。例如，让孩子与邻居、朋友、同事的孩子一起玩耍、活动、聚会，让孩子与同伴有较多的相处机会，体验友谊的乐趣。父母可以为孩子们提供大量的、足够的游戏所用的材料，让他们尽情地玩耍。最大限度地让他们之间有正面的交流，并互相影响着对方。当然，交友时，要有正确的引导，要鼓励男孩多交品质好的朋友。这样，男孩会在朋友的影响下，获得良好品质，且显得更加开朗活泼。

3.4 教男孩与人和睦相处

事实证明，能和他人和睦相处的人内心世界较为阳光美好。父母要注重培养男孩与人和睦相处的能力。首先，男孩需要与家人、亲戚和睦相处。父母自己也要真诚待人，不卑不亢，给男孩树立一个好榜样。另外，父母还要带男孩接触不同环境，让男孩在与不同年龄、性格、地位的人交流过程中养成开朗大方的性格。

3.5 让男孩爱好广泛

爱好广泛的人，往往能与不同的人交上朋友，且多受人欢迎。因为，见识多广的他们，一般比较自信开朗，而不会自卑孤僻。因此，父母要尽量培养男孩的兴趣爱好，让男孩做一个兴趣广泛、惹人喜欢的人。

唱歌、跳舞、演讲、写作、下棋、画画等，都可以作为男孩的兴趣爱好来培养。男孩一旦有了多种爱好，自然就会更加活泼开朗、自信乐观。

3.6 教育男孩失之泰然

即便是天性乐观的人也不可能事事称心如意，也不可能"永远快乐"。因此，父母要从男孩子小时候起就刻意培养其抗挫能力。

比如，可以创设条件，让男孩"巧遇"挫折，并鼓励他积极解决问题。在一些不可避免的失去中，比如丢了宠物或玩具，父母要及时引导男孩走出伤感，让男孩另寻精神寄托或转移注意，如参加运动、游戏、聊天等。

男孩若有了失之泰然的心态，他在困境中就会有乐观的心态，就不至于在难题或挫折中一蹶不振，而是越挫越勇，不断前行。

4. 幽默风趣

幽默是一种特殊的情绪表现，是一种生活的智慧。俄国文学家契诃夫说过："不懂得开玩笑的人，是没有希望的人。"在现实生活中，幽默可以淡化人的消极情绪，消除沮丧与痛苦，舒缓紧张气氛，更能带给自己和他人喜悦和希望。

下面的故事是美国家庭的幽默教育：

1周岁左右的孩子对他人的脸部表情已十分敏感。在其学步摔倒时，美国的父母们大多是冲他做个鬼脸以表示安抚。幽默的力量是无穷的，此时他往往会被大人扮的鬼脸逗得破涕为笑。不仅如此，父母还鼓励孩子模仿做鬼脸，做得愈怪异愈能得到赞赏。

2周岁时的幼儿已能从身体或物品的不和谐性中发现幽默。如，大人把袜子穿戴在自己的手上，脸上则露出难受的表情。在美国，若孩子这时也学着把手套穿在脚上，父母不仅不对孩子横加指责，相反跟孩子一起哈哈大笑。

3岁幼儿的智力，已发展到能认识概念不和谐中潜藏的幽默。当爸爸故意手拎妈妈小巧的女式皮包，或妈妈故意戴上爸爸粗大的男式手表时，男孩见了即会一边摇头一边大笑不止。美国的父母往往默许孩子装模作样地戴上爷爷的大礼帽，手持拐杖，行步蹒跚，从模仿中体味幽默的快乐。

4岁左右的幼儿特别喜欢过家家，或扮演卡通人物。当美国人发现自己的儿子与邻家小女孩正在十分投入地扮演王子和公主时，不仅不阻拦，自己还可能客串坏蛋之类的小角色，添油加醋地让气氛更为生动、活泼。

5～6岁时，幼儿对语言中的幽默十分敏感。这时，美国父母会利用同音异义词和双关语的巧用及绕口令等的学习，增强孩子的幽默感。

7岁的孩子大多已上学。他们往往喜欢讲笑话、听笑话。有些笑话虽不够高雅，但大人们一般不去粗暴地批评乃至责备。他们认为，此时的男孩，尤其是那些淘气的男孩，往往会通过笑话或恶作剧来平衡或调节自己的心态。尽管其中的幽默可能让大人们不快甚至难堪，但大人理应包容。原因很简单：这是孩子成长过程的一个组成部分！此时若大人能正确引导，让孩子知道什么是粗俗，什么是幽默，才是明智之举。

8岁以后的孩子已初具幽默感。美国的父母常常倾听孩子讲述有关学校生活的小笑话，并发出会心的欢笑，对孩子的幽默感做出肯定的表示。此外，大人们还常常引导孩子编幽默故事，改编电影、电视剧的情节或加添令人捧腹的结局。

当孩子进入小学高年级时，学校会常常举办有关幽默故事写作或讲述的比赛。对于这类能起到增强孩子幽默感的活动，父母们大多予以无保留的支持。

培养男孩的幽默感，父母要坚持以下三个原则：

 1 幽默不伤人

父母要教育男孩使用幽默语言时，要以不伤害其他人的自尊为原则。因为，真正的幽默使人愉快，而不是令人不满。

 2 幽默也文明

男孩的幽默语言，也要遵循文明原则。父母要告诉男孩：能够使用文明的语言，"骂人"不用脏字，才是真正的智慧。

 3 幽默不涉险

有时，幽默是一种肢体语言。那么，父母要警诫男孩，在做滑稽动作时，不能涉及危险。比如，不能爬得太高、触摸电器、蛮碰乱撞等。

总之，幽默是一种健康、阳光的心理状态。父母要注意培养男孩的幽默感，增加男孩的情商值，同时也要对幽默男孩进行品质把关和生命呵护。

【名人箴言】

快乐人生三句话：

太好了——改变了心情就改变了世界；

我能行——改变了态度就改变了命运；

我帮你——改变了情感就改变了生活。

幸福人生九个字：

你真棒——改变角度就改变了关系；

我要学——改变内存就改变了未来；

我思考——改变头脑就改变了人生。

——卢勤教授

第二节　饮食基础

引语

　　如果说，生命是本钱，那么，健康就是资本。父母们要做好营养师，让男孩健康饮食，避免病从口入。

1. "最"营养食品

　　蔬菜、果汁、甜点……面对种类繁多的食品，究竟给男孩吃哪种更有益健康呢？如何让挑剔的孩子喜欢上这些最有营养的食物呢？

　　父母们不妨参考一下教育城营养专家推荐的适合男孩的十佳营养食物，然后试试这些小妙招，让你的孩子爱上它们吧。

1.1 最好的主食：全麦食品

　　全麦食品含有铁、维生素、镁、锌和粗纤维素等多种人体所需的营养成分。在西方的国家里，全麦面粉被称作最棒的主食原料，很多家庭把烤全麦面包作为孩子的主食，如果在上面抹一些儿童专用的奶酪，营养就更丰富了。虽然各国的饮食习惯不同，但营养是无国界的。我们可以把粗粮和面粉混合制作主食（比如发糕），同样能给孩子带来丰富的营养。

用巧克力酱和全麦面包做一个可爱的三明治，再摆一个有创意的甲壳虫造型，当他的兴趣被可爱的造型吸引时，就不会在意面包怎么不是白色的了。

1.2 最好的水果：猕猴桃

猕猴桃被称为营养的金矿，它含有丰富的维生素C，据分析，每百克猕猴桃果肉的维生素C含量是100~420毫克，堪称水果中的"VC之王"，此外，它还含有较丰富的蛋白质、糖、脂肪和钙、磷、铁等矿物质，而且它含有的膳食纤维和丰富的抗氧化物质，能够起到清热降火、润燥通便的作用。但要注意，猕猴桃中间带籽的部分尽量不要给孩子多吃，因为这部分不容易被消化。

如果孩子不喜欢吃生的猕猴桃，还可以把它做成果汁，或者猕猴桃酱，效果一样好。

1.3 最好的蔬菜：菠菜

菠菜为孩子提供的主要营养成分是维生素A和叶酸，另外还有一些维生素C和铁。因为它没有杂味，孩子通常都很喜欢吃。而且菠菜的用处很多，你可以把它作为盘边的装饰，也可以在它上面放一些番茄酱，还可以用它代替生菜放在三明治里。但是要记住，不能把它和豆腐一起吃，否则会影响钙的吸收。

　　让孩子吃蔬菜一直是父母比较头疼的事，如果你多花点心思，做一道有创意的蔬菜饭，比如一个菠菜寿司、菠菜拌饭，孩子绝不会想到这个既有趣又好吃的东西原来是菠菜做成的。

1.4 最好的早餐：谷物

　　即使是从超市买来的孩子谷物早餐，也同样非常健康。它里面含有多种维生素和矿物质。但是，在购买时要选择儿童专用的、含盐低的。自己家制作的小米粥、玉米粥也很有营养。需要注意的是，需要把谷物早餐配合牛奶一起吃时，牛奶的选择很重要，2岁以内的孩子最好不要用脱脂牛奶，1岁以内的孩子最好用母乳或配方奶。

1.5 最好的快餐：披萨

　　和其他的快餐食品相比，披萨里混合了蛋白质（干酪）、糖分和蔬菜（西红柿丁）等多种营养，更适合孩子

食用，而且做起来很简单，只要在烤箱里烤几分钟就可以了。

1.6 最好的坚果：杏仁

　　杏仁有很多让人意想不到的营养效果：它不仅可以预防心脏

疾病，而且含有维生素E和其他的微量元素，比如铁、钙和镁等对孩子的健康都非常有益。另外，未加工过的生杏仁是一种低脂食物，孩子吃了，可以预防高血压。但是要记住，3岁以下的孩子最好不要给他整个的杏仁，否则容易卡住孩子的气管。杏仁还有很多吃法，比如把它和蔬菜、奶酪一起做个披萨，或者直接给孩子准备一些杏仁干碎块。

把杏仁、花生、腰果弄碎，和酸奶混合在一起，做一杯令孩子喜欢的坚果酸奶吧。

1.7 最好的肉类：瘦牛肉

瘦牛肉里含有丰富的铁和蛋白质，能为活泼好动、正在长身体的孩子补充血细胞所需要的营养。很多医生都建议在孩子的辅食里加一些瘦牛肉，牛肉的吃法很多，可以给孩子做成牛肉汉堡包，牛肉小包子，牛肉酱细面条等。

如果孩子不喜欢牛肉的味道，可以把牛肉做成肉馅和切碎的青豆混合，用可食用的薄纸包上（可以在超市买到），放在烤箱里烤一个纸包牛肉，沾着番茄酱吃，牛肉的膻味就一点也没有了。

1.8 最好的甜点：酸奶

酸奶是钙的主要来源之一，而且它的热量很低，很适合孩子。

如果你自己制作酸奶，最好用配方奶做原料，这样不仅营养丰富，孩子也比较容易消化。喝的时候在酸奶里面加一小勺自己做的果酱，味道会更好。

如果孩子觉得酸奶太乏味，不妨给他做个酸奶果冻，切成长宽高一厘米左右的小块，再点上一点草莓酱。

1.9 最好的果汁：橙汁

橙汁含有丰富的维生素和叶酸，而且小孩子都很喜欢它酸酸甜甜的味道。但是，橙汁不能和牛奶或其他含钙量比较高的果汁混合，这样很容易形成沉淀，小孩子不容易消化。

给孩子来一杯果汁"鸡尾酒"，橙汁里加一些矿泉水和一个红樱桃，再插上一个颜色鲜艳的吸管。

1.10 最好的沙拉原料：西红柿

无论从外观还是味道，西红柿都是大多数孩子的挚爱。西红柿的主要成分是番茄红素，它是一种有助于预防癌症和心脏病的天然抗氧化剂。另外，西红柿中还含有丰富的维生素C和大量的纤维素，这些成分能够帮助孩子预防感冒，防止便秘。如果孩子不喜欢吃单调的西红柿，可以把它切成小丁或薄片，拌上沙拉酱做成美味的沙拉，孩子就会爱吃了。或者直接压成番茄汁，鲜艳的颜色再配上一个可爱的杯子，连大人都会被它吸引的。另外，不要以为生的西红柿更有营养，其实煮熟的西红柿中的番茄红素更容易被吸收。

有一种像樱桃一样大的小西红柿，可以给你那个爱挑食的孩子准备一些（为了防止小西红柿造成窒息，只能给会咀嚼的大孩子食用）。再介绍一个创意食谱：把小西红柿摆成可爱的毛毛虫造型，相信男孩就不会拒绝了。

2. 远离"食品杀手"

近年来不仅常见的儿童肿瘤发病率上升，如淋巴瘤、白血病等，而且一些中年老人多发的鼻咽癌、食道癌、肝癌、肺癌、脑癌等在14岁以下的孩子中也屡见不鲜。医学专家发现，这些病儿的疾病发生和他们的饮食关系密切。为了给男孩健康的身体，父母要特别注意以下十种"食品杀手"：

2.1 食物污染

造成儿童肿瘤的原因是多方面的，如环境的恶化、家电的辐射、儿童生活习惯的改变以及高蛋白、高脂肪的食谱等。专家们尤其注意到食物污染所带来的危害，特别是亚硝酸盐、黄曲霉素、农药以及铅、汞、镉类重金属等难辞其咎。

因此，给男孩选择那些无农药污染、无霉变、硝酸盐含量低，且新鲜干净的食物，如米、面、豆类、芹菜、葱、蒜、韭菜、土豆、萝卜、地瓜等。对疑有农药污染的蔬菜可用臭氧解毒机处理，或用蔬菜清洗剂或小苏打浸泡后再用大量清水冲洗。根茎类蔬菜和水果，一律要削皮后再烹调、食用，以维护男孩的身体健康。

2.2 补品

林林刚满5岁，长得活泼可爱，唯嫌不足的是身体偏瘦。父母为此费尽心机，常年打听长胖的秘方。后来从报上看到一则广告，说花粉制剂不仅滋养身体，而且能健脑益智，喜出望外，随即购来按药品标签上的说明给儿子服用。想不到20天后儿子两侧乳房长大……吓得父母急忙将儿子带到医院，专家的诊断是性早熟，罪魁祸首就是花粉补品。

这则小故事是在告诫父母：以平常心对待补品，拒绝广告误导。专家建议，正常发育的幼儿只要不挑食、不偏食，平衡地摄入各种食物，那么他就可以均衡地获得人体所需要的各种营养物质，而无需再补充什么保健食品。

若真是因为身体生病的缘故需吃保健品，也须按着不同年龄、不同需要，有针对性地选择，缺什么补什么，并要合理搭配，对症使用，切不可盲目使用。食用时必须征求医生意见，不得以保健品代替药物治疗。

2.3 洋快餐

近几年来，洋快餐风靡国内。由于其良好的就餐环境、新颖的就餐方式以及诱人的风味，很受儿童的青睐。而一些父母为了迎合孩子的口味，也不惜慷慨解囊满足孩子的要求。可是问题就来了，不少儿童因为体重超标，成了"小胖墩儿"。而"小胖墩儿"又易与高血压、糖尿病、脂肪肝、肥胖脑等多种"文明病"结缘，严重危害其身体与智力发育。

因此，父母要少带孩子去洋快餐店，并教育孩子那些东西吃得多会变胖，不漂亮。

2.4 糖食

糖食口感好，加之包装精美、做工考究的糖类点心与零食比比皆是，这便成为孩子又一种"挡不住的诱惑"。然而，长时间嗜吃糖食却给孩子带来精神卫生方面的问题，使孩子情绪失常，表现为激动好哭、撕书毁物、爱发脾气、打架斗殴等，医学上谓之"嗜糖性精神烦躁症"。

因此，父母要限制孩子吃甜食，且保持三餐蛋白质、脂肪与碳水化合物1：3：6的比例。

2.5 酸性食物

酸性食物并非指食物的味道而是指其性质而言，如各种肉、蛋及糖类等。这类食物正是被人们所看重的"高营养食品"，往往被父母作为首选食品而列入儿童的食谱中。但是，它们进入人体后的最终代谢产物为酸性成分，可使血液呈酸性，改变血液正常的弱碱性状态，导致酸性体质，从而使参与大脑正常发育和维持大脑生理功能的钾、钙、镁、锌等元素大量消耗掉，引起思维紊乱，使男孩患上孤独症。

因此，父母要调整男孩三餐结构，适当减少蛋白质、脂肪、糖类所谓"营养性食物"的比重，增加蔬菜、水果等富含维生素的食物。

2.6 精食

时下不少家庭追求"食不厌精"，将进食精米白面视为时尚，医学专家却不以为然。他们认为长期吃过于精细的食物，不仅减少了B族维生素的摄入而影响神经系统发育，而且因损失过多的铬元素还会影响到视力。现已确认，铬元素的不足乃是近视眼的一大成因。

因此，父母要适当给男孩安排一定量的粗粮糙米，供给足量的铬元素。

2.7 方便面

方便面是时下流行的快餐食品之一，其制作方法也是从国外引进的，为与麦当劳、肯德基等洋快餐区别，不妨称之为"土快餐"吧。这种"土快
餐"是油炸面条加上食盐、味精组成的，最大弊端在于缺乏蛋白质、脂肪、维生素以及微量元素，而这些恰是儿童生长发育必不可少的养分。

因此，父母不能让方便面成为男孩的主食，否则可诱发营养不良，危害男孩的身体与智力发育。

2.8 冷饮

一到夏季，不少男孩离不开冷饮，如冰棍、冰淇淋等。殊不知，男孩的肠管相对成人的长而薄，肠系膜松弛而固定能力差，一旦受到冷饮刺激，可导致肠管平滑肌痉挛和蠕动增强，进而诱发肠套叠，造成肠道梗阻而危及生命。

因此，夏季男孩吃冷饮要慎重，切忌放纵，以防不测。一旦出现腹痛、呕吐等症状，应立即就医。

2.9 烧烤食物

要想让男孩健康成长，父母切忌让男孩多吃烧烤食品。其危害之大，主要表现如下：

（1）隐藏着致癌物质。

肉类中的核酸在美拉得反应中，与大多数氨基酸在加热分解时产生基因突变物质。这些基因突变物质，可能会导致癌症的发生。另外，在烧烤的环境中，也有一些致癌物质如3、4-苯并芘，通过皮肤、呼吸道、消化道等途径进入人体内而诱发癌症。

（2）烧烤外焦里嫩，易藏寄生虫。

有的烤肉里面还没有熟透，甚至还是生肉，若尚未烤熟的生肉是不合格的肉，如"米猪肉"，食者可能会感染上寄生虫，埋下了罹患脑囊虫病的隐患。

2.10 食盐、味精、糖精

小儿每日食盐应控制在4克以下，因食盐过多易导致肾动脉硬化；糖精以苯酐为原料，除了甜以外，没有任何营养价值，婴儿应禁用；味精含谷氨酸钠，可造成缺锌，肝脏细胞损害，婴儿和孕妇应少用，甚至不用。

总之，父母要让男孩养成"口淡"的习惯，并在饮食中注重营养搭配，少放上述调味料。

3. "善"吃零食

关于男孩是否吃零食的问题，父母们往往会面临这样的矛盾：

男孩处于生长发育阶段，仅靠一日三餐很难满足每日的营养需要，想给男孩补充零食又

担心男孩养成贪吃零食的坏习惯。

其实，只要坚持合理的原则，给男孩吃零食是有利于男孩的健康发展的。

3.1 不要让零食喧宾夺主

许多儿童零食不离口，走路时吃、做作业时吃、看电视时吃、聊天时还吃。这样吃零食不仅影响了正餐，甚至还以零食代替了正

餐。儿童如果整天吃零食不离口，会使胃液分泌失调，消化功能紊乱，食欲不振，对正餐不感兴趣。而且即使是营养再丰富的零食，含有的营养素也不全面，如果儿童因为吃零食过多而不想再吃正餐，必需的营养素将得不到保证，甚至会导致儿童营养不良。

3.2 合理安排吃零食的时间

两餐之间，上午九十点钟和下午三四点钟，离正餐时间已有2个多小时。由于儿童代谢较成人快，此时，他们可能会出现轻微的饥饿感。如果能够让他们适量地吃些零食，就会起到防止饥饿和增加营养的作用，也不会出现影响正餐进食的情况。

3.3 选择有营养的食品

新鲜的、天然的食物才是最好的。要选择富有营养的食品作为零食，如奶类、果蔬类、坚果类，既好吃，对少年儿童来说又有营养，所以，不要只凭个人的口味与喜好，营养价值和是否有利于健康才是首先要考虑的。

3.4 不能将零食作为奖励品

父母或长辈不要将零食作为奖励、惩罚、安慰或讨好男孩的手段，让男孩养成以吃零食作为"交换条件"的坏习性。长此以往，男孩会形成一种错觉，以为奖励的东西都是好东西，无形之中在心理上产生一种认知感，这些食物是应该吃的，而且很好吃。

总之，病从口入，父母们一定要注意男孩的饮食，做一个完美的营养师，呵护男孩健康成长。

第三节 运动健身

引语

　　"流水不腐，户枢不蠹"，比喻经常运动的东西不易受侵蚀。而生命，也在于运动。

1. 运动益处多

　　运动能使人骨骼强健，肌肉发达，促进身体健康发育；运动能加速血液循环，促进新陈代谢，为大脑提供高质量的营养，使头脑更灵活，从而促进智力的发展。

1.1 益智

　　研究表明，常参加运动锻炼的人，在智力和反应方面明显高于未参加锻炼或极少参加运动的同龄人。

　　大脑活动所需的能量主要来源于糖。大脑本身储备糖极少，只有当人体血液每100毫升中血糖达120毫克时，脑功能活动才能正常，如果血糖降至每100毫升50毫克左右时，人就会疲乏、思维迟钝、工作效率下降。食物是血糖的供给源，运动能使人食欲大增，消化功能增强，可促进食物中淀粉转化为葡萄糖，并源源不断地提供给脑神经细胞使用。

大脑需要氧气和其他营养物质。科学实验表明，常从事运动的人，心脑血管会更具有弹性，血液循环也更加通畅。研究数据显示，喜欢运动的人血液循环量比一般人高出2倍，这样能够向大脑组织提供更充足的氧气和营养物质，使大脑活动更自如，思维更敏捷。

1.2 增高

有关专家研究证实，在影响身高的诸多因素中，遗传占33%，后天运动占20%，营养占31%，环境占16%。

人体的高矮是由骨骼的生长发育决定的。在长骨的两端，有一种专管骨骼生长的骺软骨。在骺软骨还没有停止增生以前，经常进行适当的体育锻炼，有助于刺激骺软骨的增生。专家研究表明，经常参加体育锻炼的儿童比不参加锻炼的同龄儿童平均高4~8厘米。

最有效的锻炼项目是跳跃、跑步、摸高、自由体操、打篮球、打排球、游泳、跳绳和引体向上等运动。跑步、跳跃、负重运动，主要能起到牵拉肌肉和韧带、刺激骺软骨增生的作用；引体向上则可以拉伸脊柱，使脊柱尽力伸展，促进脊柱骨的增生；游泳时，用力伸展脊柱、蹬夹腿的动作以及水的浮力，对脊柱骨和四肢骨的增长很有利。

1.3 健身

健身包括强身和健体两方面。经常参加体育锻炼可改善人体的血液循环，增强身体对营养的吸收，提高骨细胞的生长能力，使骨骼变得粗壮和坚实，这就是强身。而打篮球、跳舞等运动往往能使男孩的身姿坚挺和身段优美，这则是健体方面。

2. 国外经验

关于如何鼓励男孩进行体育锻炼，"国外经验"值得借鉴：

●日本：四季不分

学校基本每天都有体育课，不管春夏秋冬，体育课一律要求穿短袖T恤和短裤。日本学生的体育锻炼时间普遍多于中国学生，日本每天锻炼2个小时以上的占学生总数四成多。

●新加坡：课外活动

学校每天下午2：00后安排课外活动时间，学生们有足够时间参加体育运动。

●加拿大：每日运动

实行一系列鼓励儿童健康的退税措施，鼓励10岁以下的儿童每天至少坚持30分钟的运动，10岁以上的儿童为60分钟。如果孩子连续8周参加至少每周一节的体育课，他们的父母便可以获得这项税务优惠。由学校组织的课余活动的费用也可用于退税。由家庭成员支付的儿童活动费用将凭活动机构出具的税单享受退税。

●美国：不可或缺

有80%以上青少年（10～17岁）每天参加学校组织的体育课或课外体育活动。美国父母把体育看成教育的不可或缺的一部分。

●法国：课程安排

小学有1/3时间用于体育教学，每周有8～9小时的体育活动，中学生每周为5个小时。

●瑞典：运动补助

在7～20岁学生中，60%以上都是1～2个俱乐部的成员。政府规定青少年只要5人一起参加体育活动达1小时，每人可获17克朗补助（约2.5美元）。

●英国：十年计划

2007年，英国政府出台了青少年十年规划，全面促进青少年体育锻炼。除此之外，英国体育理事会的"走进体育"志愿者项目，也受学生欢迎。

3．动得其所

父母鼓励男孩运动，要根据男孩的年龄和身体状况而定。一般来说，学前儿童可以简单运动：

3.1 步行不可轻

"走路"对幼儿发育具有十分重要的意义，走路是典型的全身运动。走路的时候肌肉的运动总是一张一弛节奏感很强，能使头脑

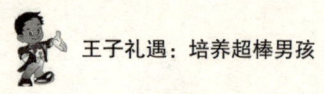

活动顺畅。

3.2 跑步益处多

跑步益处多，这是得到公认的。跑步是对男孩心血管、四肢、脊椎、内脏，以及全身性的运动器官释放最简单、最全面、最有用的一项运动。跑步对于腿部骨骼的生长、脊椎的生长、脑子生命中枢、肾上腺、淋巴系统、排汗系统、皮肤和上皮组织类的免疫防护的刺激和动员也最有效。

3.3 跳绳能健脑

跳绳是一项全身性的活动，男孩手脚协调配合，可促进幼儿的协调性。同时，跳绳时呼吸加深，手握绳头不断地甩动又会刺激拇指的穴位，对脑下垂体产生作用，进而增加脑细胞的活动，提高思维能力。脚又是人体之根，六条经脉在这里交错汇集。跳绳可以促进血液循环，使人精神舒畅，行走有力，更主要的是可以起通经活络、健脑的作用。

3.4 骑车练反应

经常骑自行车，可以发展男孩腿部和足部肌肉的力量，提高男孩运动的速度、反应的灵敏度和平衡能力等。可以给3岁的男孩准备三轮自行车，这种车的重心较低，不容易倒，幼儿很快就会掌握骑车的要点。幼儿发现自己能很快掌握一门新技术，会增加自信心。

3.5 游泳更协调

游泳是最受欢迎的健身运动项目之一。适当地进行游泳锻炼，不仅能给人带来心理上的愉悦，塑造流畅和优美的体型，还能够增强心血管系统的机能，增强体质，提高协调性。

以上运动，可以让男孩学前时期就进行。而上学以后，男孩一般可以参加球类或舞体运动。其中，球类主要包括篮球、足球、毽球、羽毛球、乒乓球等；舞体则包括舞蹈、武术、健美操等。总之，运动是男孩益智强身所必须。男孩的运动要适合自己的年龄特点，做到动得其所，而不能弄巧成拙。

4. 健康是一场持久战

很多男孩随着学习任务的逐渐增加，运动量也逐渐减少。在学校，高年级男孩的体育运动明显减少，尤其是毕业班的男孩，几乎没有体育课可上。在家里，男孩也一般在父母的要求下"专注"于学习，而疏于运动。

其实，越高年级的男孩运动越重要，因为学业繁重，男孩的脑力消耗很大。运动则可以促使脑细胞的新陈代谢，消除疲劳，对男孩的学习起到事半功倍之效。

所以，父母应要求和鼓励男孩坚持运动。因为，健康是一场持久战。

第四节　珍爱生命

引语

奥斯特洛夫斯基曾说过："人，最宝贵的是生命，生命对每一个人来说都只有一次。"的确，生命无价，是一个人最宝贵的财富。人只有存在，才能实现价值。所以，"珍爱生命"是人生的永恒主题。

1．生命诚可贵

许多父母反映，现在很多男孩把"我不想活了"挂在嘴边。父母们知道，在激烈的社会竞争中成长起来的男孩压力很大，如果这种压力得不到很好的"出口"，不能得到及时排解，他们便可能会无奈地选择逃避。而死亡成为他们发泄对父母与社会不满的一种方式，这让父母们整天提心吊胆。

强强今年只有4岁，好动的他总爱把小手指往家里的电插座孔里伸，惊恐万分的妈妈告诉他："伸进去会被电死的，那你以后就再也见不到爸爸妈妈了。没有你，爸爸妈妈怎么活呀！"这句话被强强记住了。

有一次，他要买一个玩具的愿望没有得到满足，就气呼呼地大喊道："你们要是不给我买，我就把手伸进去电死！"

男孩不懂死亡，是父母生命教育的缺失。父母的紧张，又成为男孩威胁父母的把柄。这样的恶性循环，使得父母既不能安心，更不能让男孩对生命有个健康的认识。在当今，自杀是青少年生命的最大杀手。青春期学生自杀问题，已经成为一个严重的社会问题。

调查表明，学龄期儿童中有15.4%患有不同程度的多动症。由于父母对儿童多动症的认识不高，不能及时诊治，这些男孩中30%会转变成焦虑症。而患有焦虑症和抑郁症的男孩，大多有自杀倾向。

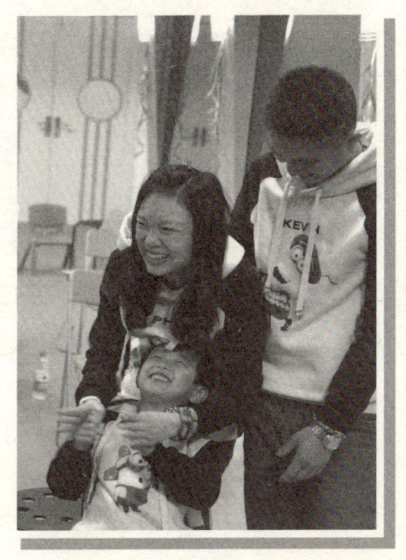

林女士的儿子今年上初二。去年冬天，儿子的一位同班同学因为考试成绩不好而自杀。此后，在相当长的一段时间里，林女士觉得儿子变得寡言少语了，心理的恐惧阴影一直挥之不去。因此，林女士曾想给儿子转学。

林女士说，对于死亡意味着什么，儿子这么大的孩子多多少少明白一点，但也不是能够完全理解。而那些更小一些的孩子根本就不明白生命的意义，不理解死亡的含义，不知道生命有多宝贵，不懂得珍视生命。他们知道要注意交通安全，也懂得火灾自救，但并不明白自己活着是为了什么，不知道自己如果死亡会给父母带来怎样的痛苦，会给学校和社会带来怎样的影响。

其实，父母缺乏对青少年儿童心理特点的了解是悲剧的潜在根源，而赏识教育、挫折教育的疏漏也是悲剧的关键。

作为独生子女，孩子遇到的困难大多由父母替他们排除困难，因而抗挫折能力薄弱。一旦他们突然遭遇"变故"，如父母离异、考试受挫、遭到批评时，就容易冲动地选择死亡。

因此，当男孩出现沮丧或绝望、吃饭睡觉不正常、学习成绩下降、社交退缩等异常状况时，父母和老师应该及时采取措施，对男孩进行引导，帮助他们渡过心理难关。

即使男孩做错了事，父母也不应简单地批评、责罚，而应该好好跟他们沟通，动之以情、晓之以理，让男孩有知错改错的机会。这样，就避免男孩因不堪"委屈"而做傻事。

2. 遵纪守法——远离毒品和犯罪

进入青春期的男孩自我意识增强，产生了强烈的独立意向，不愿再听从成人，而是按自己的想法、兴趣去自由活动，往往表现出盲目冲动的叛逆行为。同时，因受荷尔蒙的影响，他们的自制力较弱，很容易受到坏人引诱，一步一步偏离正道，走向犯罪。

因此，父母要特别注意教导这个时期的男孩做到遵纪守法，远离毒品和犯罪。

2.1 营造和谐的家庭氛围

青春期的男孩感情脆弱，更需要父母的关爱。这时候，父母要对男孩密切关注，让男孩感受到家庭的温暖。当男孩的言行和观点与父母的期待相悖时，父母要尊重男孩的意愿并耐心引导，使男孩明白父母任何时候都是爱他们的。也只有这样，当他们遇到自己解决不了的问题时，才会求助于最信任的父母。

2.2 教男孩学会谨慎交友

俗话说，"近朱者赤，近墨者黑。"与什么样的人交朋友，对青春期的男孩影响重大。很多男孩，就是在这个时候不小心遇上坏人走上犯罪之路的。所以，父母要关注男孩平时都交了哪些朋友，在保护男孩自尊的情况下给予相应的鼓励或警诫，让他懂得交友的真正意义。

下面有一些建议，希望能对父母们帮助孩子交友有用：

（1）不要直接否定孩子的朋友。

10～16岁的孩子，逆反心理特别强，可能父母说的一些建议

都是对的，但是如果你想要孩子接受的话，一定要讲究一些技巧和方法，直截了当地阻拦是不行的。

回忆一下孩子的交友经历，肯定是在不断地改变，通过新的学校和班级，通过一些新的事件，都可能去认识一些新的朋友。而在孩子的眼里，新旧朋友他自己都会做一些对比。比如他会把这些朋友分为几个层次，有最亲密的朋友，有距离远的朋友，等等。

当他有了新的朋友，一般会愿意和父母聊天，比如"我今天新认识了一个朋友"，"他哪方面比较强，但是哪方面就比较讨厌"等。这时候父母就要抓住机会，帮他来分析，帮他去了解。父母也可以附和孩子，比如说在你的同事里也有这样的一些人，你是怎么对待那位同事的，或者你们大家是怎么对待他的。

实际上，这时候父母并没有直接去讲孩子的朋友怎么不好，但是当他听到了这些评价，他自然就会引用过来，自己就会去注意。但是如果父母直截了当地说："这种朋友你不能交，人家都不喜欢这样的人。"对青春期孩子来说，只会引起他的逆反心理。

（2）引导孩子正确地交朋友。

父母往往会有一些交友的习惯，所以特别希望孩子也能按照自己的思路去交朋友，一意孤行，到最后就只能和孩子吵架。可能父母是出于好心，害怕孩子在朋友身上学一些坏习惯。但是在提出来的时候，一定要持"软"态度，听一听孩子说的，看看有没有一些道理，比如父母可以问问在这个朋友身上学到的东西，是不是有父母看不到的益处。

但是父母如果发现孩子真的在朋友身上学到了一些不好的习惯，也要善意地提醒。比如："想一想你最近是不是爱玩游戏了……你是不是很喜欢没事就往外面跑了？"

　　10～16岁的孩子是非观已经很强了，父母可以点到为止，大部分的孩子都能自己觉悟，而如果每天都在他们面前说这些，很容易引他们烦恼，亲子之间只能是矛盾重重。

　　（3）千万不能和孩子说的几句话。

　　如果父母教育的方式出了问题，很可能就会物极必反，比如下面这些话父母千万不要对孩子说：

　　"我不喜欢你的那些朋友，瞧她们个个的怪样，不伦不类的。"

　　从外貌上来判断人，孩子就不会尊重你。应该让孩子带他的朋友来玩，你同他们认识，通过他们的言行，就会更客观地判断。

　　"为什么别人做什么，你也做什么呢，"

　　这实际上在重复每一代父母所说的话："别人跳水，你也跟着跳水？"你的意思是让孩子明白，应该成为一个有独立思考能力的人，而不是让他疏远朋友。应该用理解的语气说："他们做什么，你也做什么，看来这些朋友对你很重要……"你这样说，会为更深入的交流打开门户。

　　"难道你自己没有脑子？"

　　这种说法尖酸刻薄。你实际上想说的是："如果你按我说的去做，你就是有自己的想法。如果你照着你的朋友们的说法去做，你就是没有脑子。"你表明你的观点是对的，但是方法不合适。

2.3 教育者必先受教育

　　父母要先受反毒品教育，充分地了解毒品种类、吸毒的危害，告诉子女吸毒会给身体、家庭及国家带来哪些危害和后果。父母只有自己远离毒品，以身作则，对男孩才有说服力。

总之，让青春期的男孩懂得遵纪守法、远离毒品，是父母们的重大课题。父母们的爱在此时要显得温暖而不失理性，这样男孩才能懂得如何去自尊自爱。

3．生命教育

近年来，一些中小学生在遇到挫折时以结束生命或残害他人的方式解决问题的新闻屡见报端。2013年9月初，上海一名8岁男孩因为起床晚被批评，从楼上纵身跳下，幸好小男孩只是鼻骨骨折，并无生命危险。几天后，四川广汉一名11岁女孩被一道数学题难住而服毒自杀，在家人和医生的极力抢救下，终于脱离了生命危险。

而在2012年，乌鲁木齐一则15岁女生梦梦自杀未遂的报道令很多人感叹。当时正读初三的梦梦，因成绩排名靠后一直受到老师和校方的关注，这让她感到前所未有的压力，于是用最简单的"开窗一跳"来结束烦恼。事发后，当记者问她是否知道跳下去会是怎样的结果时，她说："我不知道跳下去会这么疼，也没想这么多，就是头朝地，Gameover!"

生命教育就是让男孩感悟到生命的有限性、唯一性，从而思考个体生命的存在价值，并在人生实践中实现其生命价值。

教男孩认识生命的意义，尊重与珍惜生命，父母们责无旁贷。尤其是随着青少年轻生率的不断提高，生命教育显得更加意义深远。有效的做法是：

3.1 让孩子1岁接触"危险"

目前生命教育开展得比较好的是一些欧洲国家，比如英国有个《英国儿童十大宣言》，其中"平安成长比成功更重要"、"生命第一，财产第二"、"不喝陌生人的饮料，不吃陌生人的糖果"、"遇到危险可以打破玻璃，破坏家具"、"遇到危险可以自己先跑"等内容都涉及生命教育。

现在的孩子都是家里的宝贝，孩子很少有机会接触和认识刀具、电、火等危险的东西，当他们有一天碰到时，就会手足无措。事实上，孩子在1岁时，家长就可以开始对其进行引导，让孩子从身边的事开始接触'危险'。当某个危险发生在大人身上时，例如不小心被刀划伤了手，父母可以把这些危险的结果展示给孩子看；当电视上播放有人溺水时，父母可以与孩子分析溺水的痛苦和危险性，让孩子今后有意识地去注意。

这些日常生活中的生命教育看似琐碎，但可以在意识层面让孩子明白生命的可贵，尊重生命，爱惜生命。

3.2 与孩子共读一些关于生命起源和生命陨落的书籍、画册

父母还可以与孩子共读一些关于生命起源和生命陨落的书籍、画册。如《爷爷没有穿西装》可以让孩子理解死亡是一件不可避免的事情；《一粒种子的旅行》展现给孩子一粒种子从出生到凋零的

全过程。

3.3 国外如何进行生命教育

在美国，孩子们会在家长或老师的带领下，到郊外专为绝症患者提供善终服务的宁养院，把花瓣轻轻撒向临终者的床榻，微笑着目送患者告别人世。

在英国，尊重生命是英国人眼中最基本的素养。英国的教育机构会开发出很多关于尊重生命的故事和教案供教育者选择。教育者会教导孩子尊重的对象不仅局限于家人和朋友，还应该对所有生命都有爱心和责任感。在幼儿园里，你就会听见孩子们煞有介事地讨论"尊重和敬畏生命"这样的大课题。

在瑞典，孩子在很小的时候，老师就会让他们摸着孕妇的肚子，然后给他们讲人是怎么出生的，让孩子懂得什么是生命。此外，瑞典小学生还被允许到太平间与遗体接触，同时被告知一个人死亡对自己、对亲人意味着什么。

在德国，"短寿展"作为德国联邦卫生教育机构的项目，每年在各个城市的博物馆里定期进行。"短寿展"上会展示2000多名短寿者的档案资料，且每一位都有为什么短寿的详细说明、照片和生前使用物品。这些短寿者的平均年龄不到29岁。

在韩国，各个城市会定期举办"模拟葬礼"，主要环节有专家讲座、书写遗书、进入棺材模拟死亡等，让参加者通过体验更加珍爱生命，并以更积极健康的姿态面对生活，进而降低韩国的自杀率。

第三章

智力挖掘

第一节　玩出创造力

引语

创造力是人类最伟大的潜能，这潜能是人类赖以延续生命、享受美好生活的基源。每个男孩都具有无限的潜力，他就像一粒待长成大树的种子，只要有适宜的土壤、气候和雨水，男孩定能茁壮成长为一棵庇荫的大树。

1．天生创造者

大量研究表明，幼儿正处于创造力发展的萌芽阶段，他们的思维大胆、自由和富有创造性。父母必须抓住时机，创设条件，从小培养男孩的创新能力。

多多很想制作一副自己的眼镜。

这天，妈妈帮他准备了很多材料，并在桌子上为他摆了一个太阳镜供他参考。折、画、装饰每一个步骤，多多都完成得很好。只是在剪工上出了一些问题，光滑的眼镜边被他剪得参差不齐，爸爸指着他的作品嘲笑起来，多多显得很不开心。

妈妈正想过去帮他，只见多多歪着脑袋略微想了一下，随即将眼镜拿起，非常投入地将眼镜边剪成了锯齿状，原本规规矩矩的作品让他搞得面目全非。

一会儿工夫，多多美滋滋地走过来对妈妈说："妈妈，你快看，我做了一个太阳眼镜。"妈妈仔细一看，他做的眼镜果真像太阳，红红的装饰色，锯齿状的光芒，整个作品独具特色，颇有些出乎妈妈的意料。妈妈拍拍他的小脑袋说："多多真聪明，你做了一副最好、最棒的小眼镜。"

第二天，妈妈和多多把他的"眼镜"带到了幼儿园。老师评价说，在孩子们参照模型版制作眼镜的活动中，多多是第一个打破常规模式，大胆想象，制作出与众不同的眼镜。

为此，老师在评价游戏中重点表扬了多多，并将他的作品摆放在班里的作业展板上。第二天，第三天，很多小朋友开始关注这件独特的作品，而且制作出了更多样式的眼镜，蝴蝶的，云朵的，彩虹的……制作活动一下丰富了起来。从那以后，多多一下迷上了美工活动，他的动手能力明显得到了提高。

男孩想自己制作一个小物件，妈妈就立刻买来材料，这就是对男孩创造力的鼓励和支持。可是，爸爸对男孩"作品"的"嘲笑"又可能打击了男孩的信心，这需要父母多多注意。

总之，父母应该把握男孩的潜质关键期，及时发现男孩的特殊能力和探索精神，并提供条件让他的创造潜力得到自由、充分地发展，迸发智能光彩。

2. 玩出创造力

玩，是孩子的天性，也是他们最重要的工作。男孩子可以在游戏中玩出开心，玩出健康，也玩出创造力。父母应该多给男孩鼓励，而不是束缚男孩的玩性。不然，男孩的天才潜质就可能会在无形中被扼杀。

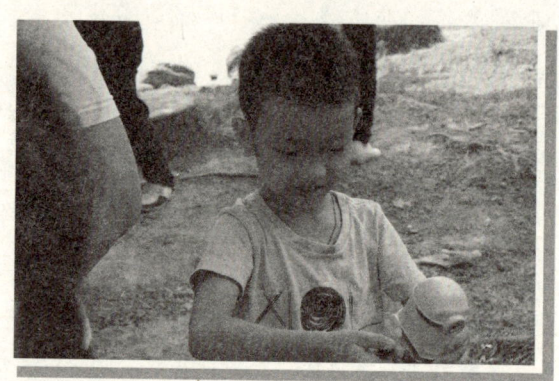

4岁的松松是个活泼、可爱的小男孩。

有一天，他右手拿着一把勺子，左手拿着妈妈的真丝围巾，爬在客厅的地上，口中念念有词："向左、向左。"接着，右手中的勺子转向了左边："前面是什么？地图、地图！"他把左手中的围巾铺在面前，小小的手指认真地在"地图"上指来划去，仿佛是一位身经百战的将军在研究作战计划。过了一会儿，松松突然拿起围巾盖在头上："下雨了，撑伞！"

妈妈看到了，忍不住叫道："我的孩子啊，爬在地上会把衣服弄脏，还会着凉的。""还有我的围巾，你不要给我扯坏啊！"妈妈更加心疼她的围巾。松松说："我在开坦克，我右手拿着的是坦克的方向盘，我需要地图看明白前面是什么山。可是突然下雨了……""可是，哪有开坦克爬着开的，哪有坦克的方向盘是和勺子一样的呀？"妈妈真不能理解男孩的奇思怪想。

心理学家表示，在"过家家"中，男孩一般不按常理 "出牌"，想到什么就是什么，想怎么做就怎么做。松松把勺子当作坦克的方向盘，就是一种突破传统的创造性思维！

可见，在自主游戏中，男孩的创造潜力很自然就发挥出来。聪明的父母，就会允许男孩多玩，并鼓励男孩玩出自己的"规则"。

3. "破坏"才会创造

男孩子素有"破坏大王"之称，这是他们好奇、探索心理的需要。而在探索过程中，男孩的动手能力、思考能力都得到了发展。因此，父母应鼓励男孩"搞破坏"。

我国著名的教育家陶行知小时候喜欢"搞破坏"。一次，他把母亲刚买回家的金表给摆弄坏了。母亲很生气，就狠狠地揍了他一顿，并把这件事告诉了他的老师。

老师听了这件事，幽默地说："你恐怕枪毙了一个中国的爱迪生。"母亲不解，老师就分析说："孩子的这种行为是创造力的表现，你不该打孩子，而应该放开孩子的双手，给他更多的'破坏'机会。"

后来，母亲带陶行知把金表送到钟表铺，并让他站在修表匠身边，亲自看看金表的内部结构和如何被修好。这件事让陶行知先生终生难忘。

男孩的创新精神是非常强烈的，强行中断男孩感兴趣的事情很可能就会抑制男孩的创新精神，使男孩由于畏惧父母的威吓而趋于保守。

因此，父母在男孩玩耍的时候，应该给予他们充分的自由，允许他们在安全与道德的范畴内，多"搞破坏"，玩"出格"。

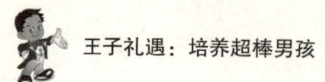

4. 创造力需诱发

诱发男孩的创造力，可以使男孩的天才品质得以淋漓发挥。

4.1 维护好奇心

儿童的主要特点是活泼好动，好奇多问。他们会不断地用身体和感官探索周围的一切事物，积累知识，发展思维能力。而好奇心，也是创造力的基础。如果对世界没有一点兴趣和好奇，男孩就不会主动去了解世界，更不会出现与成人不同的奇思怪想。而他们的"奇思怪想"，正是创造性所在。

因此，父母要好好维护男孩的好奇心，不仅要不厌其烦地为他们解惑，而且要多鼓励他们自己去寻找答案。在男孩自己寻找答案的过程中，其独立思维和创造思维都可以得到发展。

4.2 顺应兴趣点

顺应男孩的兴趣点，往往能激发男孩的创造力。因为，一个人只有在自己喜欢的事情上，才会深入探索研究。而在探索研究的过程中，男孩的思考能力就会不断提高，从而为创造思维奠下基础。

比如，若男孩对昆虫有兴趣，爸妈就可以为他提供相关的图书、影片，并多带他到博物馆参观或野外探索，让男孩充分发挥自己的兴趣特长。这样，未来的科学家就指日可待了。

4.3 鼓励独创性

若孩子很喜欢动手做小东西，父母就可以把家中一些小物品拿出来，让他根据自己的意愿，独创出一些作品。

男孩在亲身实践的过程中，必须动脑思考，并想办法解决在创作时所碰到的难题，当他想出方法又付诸行动后，就会产生结果。如果结果能够满足他，他就能有更大的自信去创造新东西。因此，父母要及时引导和鼓励男孩多动手去"创造"。

4.4 拓展知识面

很多时候，男孩的想象也不是完全没有根据的，只是他的依据有点令人匪夷所思而已。

有位男孩把小鸟画成了紫色，看起来不合常理，但可看出男孩对紫色的喜爱。而最重要的是，紫色是一种存在的颜色，并且确实是一种美丽的颜色，这正是这位男孩喜欢画紫色小鸟的依据。

可以说，拓展男孩的知识面，就能使他的想象有更多的"依据"，从而能更好地发挥创造力。而一般来说，阅读与游玩是拓展男孩知识面的有效方式。

第二节　记忆培养法

引语

　　科学研究表明，人的大脑功能只有很小的一部分被开发和利用，人的脑细胞还没有得到充分的使用。有的人记忆力好得出奇，是因为他们能天长日久地训练自己的记忆力，脑子中的记忆方法越来越多，结果，记忆力就越来越好。

1．关于记忆

　　记忆，代表着一个人对过去活动、感受、经验的印象累积，是一种心理能力。记忆力的强弱，对一个人的做事能力有举足轻重的作用。

　　那么，人的记忆是怎样的呢？请父母们先来了解儿童的记忆特点：

1.1 记得少，忘得快

　　儿童记忆的范围和记忆保持的时间是随着年龄的增长而扩大

和延长的。1岁左右的儿童记忆的范围很小，起初只能认妈妈、亲人，然后才能再认周围的事物。

他们记忆保持的时间很短，例如，将他们和一起生活的亲人分开一个月，再相见时就不认识了；幼儿园的小朋友一堂课上能学会一首儿歌或一个故事，不久就忘了。

1.2 记忆缺乏目的性

上学前儿童的记忆很难服从一个有目的的活动，他们的记忆以无意识记为主，他们只对形象鲜明的对象，引起兴趣的事物或引起强烈情绪体验的事能记住。要年幼儿童将记忆专门作为有目的的活动是困难的。

五六岁的儿童有意识的能力开始发展起来，如大人委托他做某件事，他会运用简单的记忆方法，如重复大人说的话来记住这件事。进入小学

后，在教育的影响下，有意识记的能力得到较快发展。

1.3 记忆方法呆板

成人的记忆一般是通过对要记忆事物的理解，找出事物的主要特征和内在联系，摒弃事物非主要部分，进行意义识记，而儿童由于受知识和经验的限制，不会进行这种分析，较多地对事物表面进行机械识记。

例如，成人和儿童同时遇到一个初次见面的人，成人记住的是这个人的相貌特征，而儿童记住的可能是这个人的衣着颜色，等等。但是学前儿童也不是完全没有意义识记，对他们能理解的事物也会进行一些意义识记。

1.4 记忆不精确

儿童记忆的精确性也是随着年龄增长而提高的。年幼儿童记忆不精确表现在记忆不完整、相互混淆、歪曲事实和易受暗示等方面。

例如，幼儿听了一个故事，他只记住感兴趣的某个细节，整个故事的情节却记不住，或者把另外故事的情节也混在一起。

又如一个母亲问幼儿园回来的儿子，今天舅舅到幼儿园看你了吗？他回答说是的，事实上他舅舅今天没有来而是前几天来过，他被母亲一问就认为今天来过了。

这是由于记忆不精确加上以臆想来补充记忆而造成的。随着年龄的增长这种情况是会改变的。

2. 培养从幼儿开始

人的记忆力各不相同。对同一内容的知识，有的人记得快，有的人记得慢，这是记忆的敏捷性；有的人记得长久，有的人忘得快，这是记忆的持久性；有的人记忆准确无误，有的人丢三落四，这是记忆的准确性。这些良好的记忆品质不是先天的，而是后天教育的结果。

根据幼儿记忆的特点，培养男孩记忆力可以采用以下方法：

2.1 利用实物培养男孩记忆力

男孩对于亲自看到的熟悉的东西，往往会记得快、记得牢。父母可以利用这点，对男孩进行记忆培养。如让男孩观察商店里的橱窗，然后背着说出橱窗里陈列的商品；观察蔬菜架上的蔬菜，背着说出架上蔬菜的名字；在桌子上摆放几种幼儿熟悉的物品，盖上布后，让幼儿说出桌上放的是哪些东西，等等。

2.2 让男孩听完故事后进行复述

父母经常给男孩讲故事，并让男孩听完故事后进行复述，如此反复进行，既促使男孩集中注意力，又极大地提高记忆的效果。

2.3 用游戏法把数学形象生动化

用游戏方法把生硬的数字形象生动化，是一种适合男孩心理特点的记忆培养法。如教男孩认识数字，可以编成儿歌：

1像铅笔细又长，2像鸭子浮水上，3像耳朵听声音，4像小旗迎风飘，5像秤钩称东西，6像豆芽咧嘴笑，7像镰刀割青草，8像麻花拧一遭，9像勺子能吃饭，0像鸡蛋做蛋糕。

2.4 教会男孩理解记忆

老师教一首歌《弯弯》："什么弯弯在天边？什么弯弯在河沿？什么弯弯头上过？什么弯弯在水面？""月亮弯弯在天边，柳树弯弯在河沿，梳子弯弯头上过，船儿弯弯在水面。"

一班的孩子不加任何解释只反复诵读，靠机械记忆，16分钟，只有50%的孩子能成诵。二班的老师先让孩子回忆月亮、柳树、梳子、船在什么地方，借助已有知识，孩子们自己就把月亮与天边、柳树与河沿、梳子与头发、船儿与水面联系在一起。理解歌词的内容，记忆就快得多了。二班用意义识记的方法，12分钟，86%孩子都能成诵，大大提高了记忆效果。

由此可见，相较于"死记硬背"式的机械记忆，在理解意义的基础上进行记忆，效果往往更好，这对于学业繁重的高年级男孩尤其重要。父母要从小教育男孩理解记忆的方法，让他形成良好的记忆习惯，从而提高学习效率。

一位父母这样分享儿子的记忆培养过程：

在京京很小的时候，不管教他做什么或让他看什么，我都要求他注意力要集中。我常常会在讲故事的中间提问他，刚才讲到哪儿了？刚才遇到的那个事情你说该怎么解决？你能不能猜猜这个故事的结尾？或者你认为什么样的结局更好？这就逼着孩子不得不集中精力来听你讲故事。孩子自己没有阅读能力的时候，大人还可以这样提条件："如果你不注意听妈妈讲，就证明你不喜欢听，那么妈妈就不讲了。你只有喜欢听了，妈妈才愿意给你讲。"

我觉得孩子玩玩具也是一个学习和认知事物的过程。京京从小到大，我给他买的玩具并不多，而是

让他专心把一样东西玩到清楚明白，精深透彻。有些父母为孩子买了各种各样的高档玩具，却只把玩具当成哄孩子不哭的工具，一会给孩子拿这个，一会又换那个，如此反复，孩子很容易养成干什么学什么都是浅尝辄止的不良习惯，注意力难以持久。

我还经常选择一些适合京京学习的知识，让他在规定的时间内学完，然后给他奖励。例如，给他一本看图说话的书，让他在几分钟内看完，告诉他我要听他讲这个故事，要有头有尾，越生动越好。目标明确了，京京就很认真很专注地去做这件事，就能完成得又快又好，于是表扬奖励一番，他就会很高兴。

从小培养专注力使京京能记住的东西越来越多，记忆力越来越好。且不说京京学习从不贪黑起早，从未请过家教、进过补习班，就是高中阶段三年，省实验中学的老师也是特批了他不用上晚自习。在省实验中学这个高手云集的学校里，儿子不上晚自习，每次考试还能拿高分，甚至领先第二名几十分，的确堪称奇迹。我认为从小培养孩子专注力真是家庭教育中最划算的事，可以说是投入产出比达到了最大化。

京京的妈妈通过要求儿子注意听讲故事、精玩玩具和定时阅读等方法培养其注意力，而在解决问题和研究玩具和复述故事的过程中，儿子的记忆力也不断得到增强与巩固。

3. 提高青春期男孩的记忆力

青春期的男孩往往表现为记忆力衰退，学习效果越来越差。特别是对于没日没夜学习的男孩来说，更是一件非常痛苦的事情。但事实上，学习效果跟记忆力关系密切。提高记忆力，就可能会提高

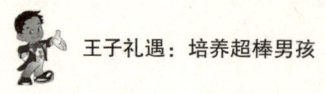

学习效果。

有一段这样的记忆谚语：

背诵是记忆的根本，理解是记忆的基础，重复是记忆的窍门，争论是记忆的益友，趣味是记忆的动力，联想是记忆的媒介，应用是记忆的要素，化简是记忆的助手，卡片是记忆的仓库，疲劳是记忆的敌人。

因此，要提高儿子的记忆力，父母不妨鼓励他这样做：

3.1 掌握规律

著名德国心理学家艾宾浩斯经过反复实验，绘出了一条记忆的遗忘曲线。从曲线可以看出，遗忘的规律是先快后慢。第一天的遗忘速度最快达66.3%，以后遗忘越来越慢。一个月后遗忘量为78.1%，以后就基本上不再遗忘了。

所以，要提高记忆力，必须在学过知识之后短时间内及时复习。比如，早上记过的英语单词，晚上自习时再记一次，第二天再记一次相同内容，这样几次下来，基本上就能记牢了。同时，尽量在理解意义的基础上去进行记忆，而不仅仅是"死记硬背"。

3.2 联想记忆

联想记忆法，即在学习一种新内容时，运用联想，假借相关意义来增强记忆。一般说来，联想记忆有以下几点：

（1）接近联想，如由重力场联想到电场、磁场。

（2）相似联想，如由钢笔联想到铅笔、原子笔。

（3）对比联想，如由战争联想到和平，由严寒联想到酷热。

（4）关系联想，因果关系联想等。

　　一个旅行团到了某个城市宾馆住宿，第二天外出游览后回到住所，大家忘了门牌号，正在着急，其中一位说是2449号，因为在住宿时，他听到了门牌号数，心里动了一下，2449恰好与86的平方根一样，只少了一个小数点。由于他留心了一下，在用到时根据这个线索回忆起来。这就是运用联想帮助了记忆。

3.3 发扬苦战攻关精神

　　现在不少孩子抱怨自己的记忆力不好，其实并非记忆力真的不好，而是不肯下功夫去记忆。因此提高记忆力的关键是充分发挥自己的非智力因素，即苦战攻关和意志坚强的精神，多读多背乃至多记。

第三节　专注很重要

引语

　　专注力，就是我们常说的注意力，对男孩来说，是指他们能把视觉、听觉、触觉等感官集中在某一事物上，达到认识该事物的目的。专注力是一切学习的开始，是男孩最基本的适应环境的能力。

1. 专注以深远

　　法国作家莫泊桑，很小便表现出了出众的聪明才智。

　　一天，莫泊桑跟舅父去拜访他的好友——著名作家福楼拜。舅父想推荐福楼拜做莫泊桑的文学导师。

　　可是，莫泊桑却骄傲地问福楼拜究竟会些什么？福楼拜反问莫泊桑会些什么？莫泊桑得意地说："我什么都会，只要你知道的，我就会。"

　　福楼拜不慌不忙地说："那好，你就先跟我说说你每天的学习情况吧。"莫泊桑自信地说："我上午用2个小时来读书写作，用2

个小时来弹钢琴，下午则用1个小时向邻居学习修理汽车，用3个小时来练习踢足球，晚上，我会去烧烤店学习怎样制作烧鹅，星期天则去乡下种菜。"

说完后，莫泊桑得意地反问道："福楼拜先生，您每天的工作情况又是怎样的呢？"福楼拜笑着说："我每天上午用4个小时来读书写作，下午用4个小时来读书写作，晚上，我还会用4个小时来读书写作。"

莫泊桑不解地问："难道您就不会别的了吗？"福楼拜没有回答，而是接着问："你究竟有什么特长，比如有哪样事情你做得特别好的？"

这下，莫泊桑答不上来了。于是他便问福楼拜："那么，您的特长又是什么呢？"福楼拜说："写作。"

这两个名作家的对话说明一个道理：你多专注，就能走多远。当小莫泊桑得意地炫耀他的丰富生活时，却说不出自己的"特长"。而福楼拜先生每天除了写作，还是写作，所以写作就是他的特长。也因专注于写作，福楼拜先生被誉为"西方现代小说的奠基者"。

2. 破坏就在不经意间

当男孩在上学后被发现上课不注意听讲，写作业心不在焉的时候常常会被贴上不专注的标签，然后父母到处寻求"培养专注力"的法宝。殊不知专注力原本是男孩在成长过程中自然具有的本能。但是问题的关键在于，他成长的环境里总是充满了各种干扰因素。

2.1 破坏就在不经意间

4岁的乐乐正在地板上专心地拼积木，他把积木堆起来，然后哗地推掉，然后再堆再推。堆的时候一脸专注，推的时候满脸兴奋……奶奶一会儿过来："宝贝该喝水了。"一会儿："宝贝，你饿不饿？"然后爸爸凑过来了："乖，不要总是推倒嘛，来，我们盖个结实的大高楼！"爸爸边说边拿起积木动手。谁知乐乐不乐意："我不嘛，我不嘛！"本来玩得好好的乐乐突然发起飙来……

很多父母会抱怨，男孩写作业一点都坐不住，一会儿吃东西，一会儿摆弄小汽车，一会儿又去偷看电视，怎么就不能安生地把作业写完呢？看了乐乐的故事就该知道原因了！当男孩专注地玩的时候，如果看护人不去一再干扰，而是让他专注完整地做完他想做完的事情，男孩就会有持久的专注能力。男孩的专注力不是被培养出来的，而是被保护出来的。

动物园猴山周围，围着很多的游客，一位5岁的孩子兴致勃勃地在看里面爬高跃低的小猴子。一旁的爸爸说："走了走了，还要看老虎、狮子呢！要不然就看不完了。"小家伙不为所动："看猴子，看

猴子，爸爸你看猴子还会用矿泉水瓶喝水呢！爸爸，猴子也有手，对不对？"爸爸一边敷衍一边又开始催："快走了，这有什么好看，看了半个小时还不过瘾！"

　　育儿专家曾经说过：你不要小瞧男孩，男孩具备科学家的品质。一位5岁多的男孩可以看猴子看半个小时，一位2岁多的男孩可以看河马看半个小时，这不但正常，而且可喜。当男孩专注于看，专注于观察的时候，父母不要为了赶时间而打断男孩蓬勃的专注力。与其走马观花快速看完所有，不如一次看不完再来一次，让男孩尽情享受专注的乐趣、发现的乐趣。

2.2 对男孩更耐心点

　　火车上，一位2岁多的小男孩不停地将手中的饮料瓶砸向地面，妈妈捡起来给他，他又砸，持续了很久。周围的成人都感觉心烦和焦躁，妈妈也准备斥责他了。这时，中铺上一个10岁的大男孩，伸出头对小男孩的妈妈说："阿姨，他想学猴子，像砸坚果一样把瓶盖砸开。"妈妈捡起瓶子问儿子："你是想把瓶盖打开吗？"小男孩认真地点点头。所有的大人顿感释然，释然中带着惊奇。

　　相对于30岁的成年人，10岁的大男孩更容易接近这位2岁多小男孩的世界。如果没有大男孩的提醒，这位2岁多的小男孩，可能会继续砸下去，直到他认为这个方法不能帮他打开瓶盖时，才会换另外的方式。在这个过程中，他的眼睛不会去观察瓶子之外的世界，不会想到他是否打扰了别人，他全部的精力和热情都在高度地专注于如何才能打开瓶盖。但是如果没有大男孩诠释他的这个行为，专注的小孩自己可能受到干涉，因为大家觉得他在胡闹。

　　这样的情形在男孩的成长过程中很容易看到。

　　可见，在不受打扰的前提下，专注力是男孩自然具备的一种品质。父母越有耐心，越乐于理解男孩的行为，男孩的专注力就可以

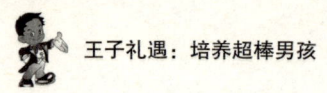

越完善地得到保全。

3岁的奇奇，在玩积木的时候，不停地把一堆圆柱体放进不同的容器中，然后又把它们取出来。这些圆柱体大小不同，正好可以放进那些容器相应的孔里，就像用软木塞盖住瓶子一样。一切过程看上去缓慢而有节奏。出于好奇，一直在教室外观察他的老师便数了数他这种重复的动作，结果是42遍。所幸的是，没有人去打扰他，他每完成一个动作的时候，脸上总是不自觉地微笑。到最后奇奇好像累了，环顾了四周后感觉像刚从梦中醒来似的。

奇奇如此专注地反复做一件事，完全忽略外物。这样的情况在其他男孩身上也出现过，专家称之为"重复练习"。每次完成那种体验之后，他们就像完成某种重大的任务一样，充满了喜悦和满足。

奇奇其实正处于注意力不能持久的年龄，通常会不停地从一件事转换到另一件事。然而，一旦碰到有吸引力的事物，他就会忘我地投身其中，注意力的集中程度十分惊人。这时候老师不去干扰，让他一直处于忘我的境地，久而久之，他每做一件事情都会非常专注的。

3. 专注力这样培养

不爱学习或者注意力不集中，是男孩们在学习中常见的问题。这也是父母们头疼不已的事。培养男孩专注力，父母要采用以下几个妙招：

3.1 三分钟沙漏

皮奈特是一个缺乏耐性的孩子，他只爱看电视和玩游戏，对书本不感兴趣。一天，妈妈拿着一个沙漏对他说："这是古时候的钟表，里面的沙子全部漏下去时，正好是3分钟。"皮奈特对这个沙漏很感兴趣，非常想拿来玩玩。妈妈便说："我们以沙漏为计时器，一起看故事书，一直到沙子漏完，好不好？"皮奈特听后，爽快地答应了。

这是第一次，皮奈特能够安心地坐下来听妈妈讲故事。但他的注意力不在书本，而是一直看着那个沙漏，3分钟一到便跑开了。皮奈特的妈妈没有气馁，决定多试几次。后来，皮奈特的视线也渐渐由沙漏转移到故事书上了。虽说约定3分钟，但有时3分钟过后，由于受故事情节的吸引，皮奈特对故事还意犹未尽。于是，他便主动要求延长读书时间。但妈妈坚持"3分钟"约定，不肯继续讲下去，他就只好自己阅读了。就这样，皮奈特由一个注意力不集中的孩子变得热爱读书了。

在这里，皮奈特的妈妈用了一种循序渐进的训练方法，对男孩进行了潜移默化的教育。她对儿子的引导非常巧妙，利用适合培养男孩注意力的

"3分钟"带领男孩阅读，3分钟后又立即打住，这样不仅使男孩

觉得妈妈守信，而且还激发了男孩的好奇心，使他主动学习。

这也是通过男孩感兴趣的东西，使男孩的注意力在一定时间内专注于某一对象，久而久之，男孩形成了习惯，也就提高了专注力。

3.2 家庭生活有规律

简单而有规律的家庭生活节奏，对男孩的成长非常有好处。每天起床、吃饭、做游戏、睡觉、讲故事的时间都应该安排得较为固定。对于注意力不易集中的男孩，尤其需要父母帮助建立规律的生活。

3.3 营造安静环境

安静整洁的环境能够让男孩少受外界干扰，更好地保持注意力。比如，家中物品的摆放不杂乱，男孩的用品和玩具收在固定的位置，每次不给男孩过多的玩具，成人在家里不大声说话和看电视，不做男孩的干扰源，等等。

3.4 保持男孩愉悦心情

男孩在身心状态不佳的时候，比如伤心、疲惫、有压力或者生病时，是很难集中注意力的。此时父母要多给予男孩关爱，而不是盲目地严格要求。只有在保持愉快心情的时候，男孩才更易于专心致志地做事。

3.4 加强注意力训练

另外，父母们还可以根据感官来培养男孩的注意力，比如：

（1）视觉注意力训练。

让男孩看一些照片或动物图片，并提出一些问题，比如给男孩看一照片，让他说说照片里都有什么人，几个男的、几个女的、几个大人、几个小孩，他们每个人都在干什么等。不过让男孩观察的东西要不断地变换，不然男孩就会感到没有兴趣了。

（2）听觉注意力训练。

给男孩讲故事，事先说好，故事讲完之后要提出问题让他回答，如果能够在讲故事之前就把要问他的问题提前告诉他，相信效果会更好。这就好比我们听老师讲课一样，如果先做好预习，找出了自己有疑问的地方，在听讲时就会特别留心，因为是带着寻找答案的愿望去听的。

（3）动作注意力训练。

父母可以让男孩完成特定的动作，以此来训练注意力。比如，教他做一些体操动作、舞蹈动作或一些游戏动作，都能达到这种效果。

（4）混合型注意力训练。

把眼睛看、耳朵听和动作结合起来，这样既训练了视觉和听觉，又训练了动作。这种训练难度大，可以边说边示范给男孩看，让男孩跟着做。

第四节　交际显情商

引语

　　随着社会的不断进步，父母们也越来越重视男孩的情商培养。有人说，一个人的成功，智商占20%，情商占80%。这个说法似乎有些夸大情商对人的作用，但是请试想，一个孤僻狭隘的人会比开朗大方的人更容易成功么？

1. 分享快乐

　　如今的男孩大多数是独生子女，是父母的掌上明珠，是家庭中众多成人关怀、照顾的唯一对象。父母对男孩的过多保护、迁就，为男孩的"独占""独享"行为提供了温床，使其与人分享的意识非常薄弱。长此以往，不利于男孩的健康成长。

　　实际上，分享行为可以帮助幼儿赢得玩伴，使他们在与人交往的活动中培养语言表达、人际交流等技能，且学会与他人和睦相处、共同分享快乐。这样的男孩进入社会以后，能更快更加好地适应社会，在处理人际关系时也显得更加顺利。

那么，父母该怎样培养孩子的分享能力呢？

1.1 满足孩子对爱的需求

父母应拿出足够的时间、精力来和孩子共处，不要忽视孩子对爱的需要。否则，孩子可能会失去已经获得的安全感。这种对父母的不信任，就可能在孩子的社会行为上体现出来，比如不愿意与人分享。

1.2 做出分享的榜样

父母应有意识地在孩子面前与家人分享自己喜欢的东西，当孩子偶尔做出分享行为时，一定不要谢绝，要诚恳地接受孩子的好意，而且要谢谢孩子，让孩子体验到和大家分享是件很快乐的事情，从而激励他继续这种行为。

1.3 进行角色扮演

给孩子讲有关分享的故事，并和孩子一起扮演故事里面的角色，孩子来扮演把自己喜欢的东西和别人分享的角色、爸爸妈妈扮演接受别人礼物的角色，然后可以交换角色。经过一段时间的角色扮演，真实、直接的情感体验使得角色的分享特征固定在孩子

的心中。这时，孩子就真正从"小气"的孩子成长为愿意和人分享的可爱孩子。

1.4 在关键期加强引导

1.5～2岁是儿童分享行为能力发展的关键期，父母要抓住这个时期，在日常生活中加以引导。比如在孩子与家人共处时，在与小朋友共处时，要引导他分享食物、玩具等，充分利用这个关键期，促进分享行为能力的发展，更好地获得社会交往的技能。

但是，父母不能只是为了"试探"男孩的大方与否，而是要让男孩的"分享"行为落到实处。不然，不仅不能培养男孩的分享意识，反而使他的"独占"变得更加理所当然。

可可是个5岁的孩子，父母经常试探他大方不大方，有时就会跟他要吃的东西。可可每次都给，可是大人并不是真要。有时，父母为了培养他的分享精神，遇到好吃的东西，都要他先给爷爷、奶奶、姥姥、姥爷等家里的长辈每人分一份，结果常常是长辈们谁都不吃，都夸孩子懂事、大方。可可送了一圈，一点没有少。这样做的结果是，可可很愿意把自己的东西送给家里的长辈，这样零食既没变少，反而能得到夸奖。

有一天，家里来了客人。妈妈说道："可可，快把你的薯片拿出来，分给叔叔和阿姨吃。"可可一听，立刻高高兴兴地给大家分薯片吃。客人直夸可可懂事、大方，可可很高兴。当他把薯片送给阿姨时，阿姨表示感谢，又把薯片还给了可可，可是和阿姨一起来的叔叔却吃了下去。可可一看，生气地说道："你怎么那么馋，吃了我的薯片！"把客人弄得非常尴尬。

这就是可可父母"试探"孩子的尴尬后果。如果可可分给大人吃的，大人都欣然接受并真的吃掉，还夸上一句"可可真懂事"，相信可可就真能体会到"分享"的快乐，而不是变得更自私。

教育专家认为，分享的真正意义不在于外人对这个男孩的评价是"大方"或"不抠门"，而是让男孩从内心里感觉到分享是一种快乐的行为，在与他人的分享过程中处理好人际关系，体会到交往中所拥有的快乐，从而达到心灵沟通的美好感受与满足人际交往的心理需求。

2. 合作双赢

人是社会性的，生活和生产的过程中处处离不开合作，培养男孩的合作意识对其成长非常有益，因此父母在家庭早期教育的过程中应当教会男孩与人合作。

那么，父母应当怎样教男孩与人合作呢？

2.1 树立合作意识

父母必须在潜移默化中帮助男孩树立正确的合作意识，使他们懂得，大家都是群体中的一员，是平等的，遇到矛盾或困难，只要我们齐心协力就一定能解决它、战胜它。

同时，父母还要培育男孩关心他人、爱护他人、助人为乐的高尚情操。男孩无论在学校或家庭里，都要养成这样的好品德：在家尊老爱幼，在校尊敬教师、爱护同学。因为只有关心别人，才有可能与别人合作。

2.2 学会悦纳别人

所谓悦纳别人，是指自己从内心深处真正地愿意接受别人。有效合作的过程就是互相利用各自的优势和资源，互为弥补各自的不足以共同获得更大效益的过程。因此，只有相互认识到了对方的长处，欣赏对方的长处，合作才有了真正的动力和基础。

父母可以通过故事并结合自己的言行让男孩逐渐地明白每个人都各有所长，各有所短。教育男孩多看并善于发现别人的长处，并诚心诚意地加以赞美。

2.3 参加集体活动

男孩将来要走向社会，成为一个社会人。因此要让男孩多参加一些集体活动，使男孩在集体活动中自觉地意识到与他人真诚合作的必要性。

让男孩到集体中去，在集体交往中才能增强团体合作意识，掌握处世艺术，形成乐观、大方、宽容、团结等优秀品质。让男孩从集体中来，带着合作意识，去主动帮助别人，也得到别人的乐意帮助。

2.4　感受合作快乐

男孩在和小伙伴交往中逐渐学会合作后，感受到合作的愉快，会继续产生合作的需要，产生积极与人合作的态度。所以，父母应注意引导男孩感受合作的愉快，激发男孩进一步合作的内在动机，使合作行为更加自觉化。

父母要对男孩合作后的结果给予恰当的肯定和激励。对合作不好的男孩给予指正鼓励，以免对合作方产生抱怨情绪，从而打消继续合作的积极性。

2.5　学会合作技巧

让男孩了解一些合作的规则与技巧。人的合作意识不是天生就有的，而是在合作的过程中逐渐萌发并得到强化的，而合作技能的高低直接影响合作的进展和结果。男孩年龄小，缺乏社会交往经验，往往不知如何去合作，这就需要父母教给男孩合作的技能，指导男孩怎样去合作。

总之，成功的合作可以让男孩获得良好的体验，这种体验能够带给男孩无穷的快乐，进而培养男孩的合作意识，并使得男孩有意识地主动去与他人开展合作。

3．当"孩子王"

男孩子爱表现勇敢，崇尚英雄，这是他们的特色。因此，在众多的男孩中，总有那么一个更加勇敢果断的男孩来做决策，被公认为"孩子王"。能当"孩子王"，就是男孩领导能力的一种体现。

像拿破仑所说，"不想当将军的士兵，不是好士兵"，父母们当然也希望男孩能当上"将军"，因而，培养男孩的领导能力，也成为一个重要的教育点。那么，如何培养男孩的领导才能呢？专家有以下几点建议：

3.1 玩耍游戏方面

父母应该多找机会带男孩出去走走，到亲朋好友家或是公共场所让男孩和人多交流，不要让男孩小小年纪就成天窝在家里。否则，时间长了，男孩的交际能力就会退化，最终变得内向，怯于和人交往，最终变成名副其实的"宅男"。

很多男孩在一块儿玩耍中不是非要闹矛盾，而是遇到问题不知如何解决。解决交际中的矛盾的方法如下图所示。

适时引导

建议男孩在游戏时要留心注意，在大家都无所事事或是没有主意时，勇于以自己的想法来引导大家。

制定规则

游戏或做事前要提前确立规则，这是游戏顺利进行所需要的基本保证。

分配角色

建议男孩游戏前先分配好角色，使每位游戏参与者都能"各司其职"。

沟通协调

在游戏进行中往往会有很多矛盾不断出现，父母要建议男孩学会沟通协调，如交换角色或改变规则，甚至委屈一下自己，尽量让游戏继续进行下去。这样，男孩就能在游戏中培养沟通协调的领导能力。

3.2 家庭生活方面

在家里，男孩一般是受照顾的角色。但随着年龄的增大，能力的提高，有些事情男孩是可以独立解决的。这时，父母就要懂得适时放手。

比如，买东西时给男孩选择权，家庭事务适度征求男孩的意见，有时候也可以让男孩做几天父母，等等。

3.3 学校中的锻炼

学校是一个很好的竞争环境，父母要鼓励男孩争取当学生干部的机会，让男孩在班级管理中锻炼和提高自己，培养其领导众人的魄力。

总之，领导能力不是天生的，它也是在后天的不断锻炼中培养出来的。父母多留心一点、多鼓励一点，男孩未来的路就会更宽一些，发展前景也会更远大一些。

4. 善解人意

心理学家把善解人意分为几个方面：有理解别人的愿望，有理解别人的能力，做出良性反应。举个例子说，如果你有伤心事，你不是视而不见，而是设法了解究竟发生了什么事，这就是理解别人的愿望。

有这样一个故事：

有两个小和尚为了一件小事吵得不可开交，谁也不肯让谁。第一个小和尚怒气冲冲地去找师父评理，师父在静心听完他的话之后，郑重其事地对他说："你是对的！"于是第一个小和尚得意洋洋跑回去宣扬。第二个小和尚不服气，也来找师父评理，师父在听完他的叙述之后，也郑重其事地对他说："你是对的！"

待第二个小和尚满心欢喜地离开后，一直跟在师父身边的第三个小和尚终于忍不住了，他不解地向师父问道："师父您平时不是教我们要诚实，不可说违背良心的谎话吗？可是您刚才却对两位师兄都说他们是对的，这岂不是违背了您平日的教导吗？"师父听完之后，不但一点也不生气，反而微笑地对他说："你是对的！"第三个小和尚此时才恍然大悟，立刻拜谢师父的教诲。

其实以每个人的立场来看，他们都是对的，只不过每个人都坚持自己的想法或意见，无法将心比心，设身处地地去考量另外的角度，所以没有办法站在别人的立场去为他人着想，冲突与争执也就在所难免了。

如果有一颗善解人意的心，凡是都以"你是对的"来先为别人考量，那么很多不必要的冲突与争执就可以避免了。

一位父母有这样的经验：

我儿子上一年级，学习成绩不错，很讨老师的喜欢。

但有一次上课老师检查作业，他却忘带了，结果与其他几名平时总不写作业的同学一起被罚站，老师为了照顾他的面子，提了个简单的问题，指定让他回答，也好给他个台阶，让他坐下。可他就是不领情，闭口不答，结果站了一节课，也哭了一节课。中午放学回到家还接着哭，觉得自己委屈得不得了，认为是老师让他在同学面前丢脸了。

我得知事情的经过后，对儿子说："作为老师在同学面前就应该一视同仁，你上课不带作业，就该挨罚，你以为自己是好学生、特殊，就不该受罚，如果那样老师还怎么管学生？何况老师为了照顾你的自尊心，提个问题想让你坐下，你却不领情，非要站一节课，完全是自己找的，能怪老师吗？"儿子一听我完全站在老师一边，并没有偏向他，他更委屈了，中午饭也不吃了。

他爸爸见此情景，立刻"发火儿"了，大声说："我儿子学习这么好，就一次没带作业，就罚站，这老师也太不讲人情了吧！我非到学校里告她不可。"他爸爸这一招还挺管用。只见儿子当时就不再哭了，开始求他爸说："您别去告老师了，其实老师查作业、要求严格都是为了我们好，我没带作业，还故意跟老师怄气，我也有错。"他爸爸假装气还没消说："先吃饭吧，这事以后再说。"

就这样，儿子原谅了老师，同时也认识到自己的过错。

当男孩遇到事情时，父母有时需及时中断男孩的不良想法、做法，引导男孩多从对方的角度去思考问题。父母双方教育方法可异，但目标必须一致，相互配合要默契，关键要唤醒男孩心底的善良，使其设身处地去为别人着想，最终才能谅解别人，提升自己。

　　总之，男孩的成长是一个从幼稚到成熟的漫长过程。父母要在日常生活中多注意男孩的言行，教育男孩学会将心比心，多站在别人的角度看问题，从而成为一个善解人意、宽容聪慧之人。

第五节 理财有妙招

引语

　　随着中国经济水平的逐渐提高，每个男孩手中的零用钱也渐渐富余。男孩的零花钱来得轻而易举，花得大手大脚，全然不知父母赚钱的艰辛。所以，培养男孩的金钱观念和理财能力是大势所趋。

1. 各国财商教育盘点

　　目前，国外对儿童的理财商数（MQ）越来越重视，父母希望自己的小孩能早一步认识理财观念，并奠下财富基础。

1.1 德国：童话打开金钱之门

　　一向以严谨著称的德国，面对男孩却有生动的一面。向男孩讲述理财童话故事的《小狗钱钱》风靡一时。让我们看看这本书讲些什么："如果你只是带着试试看的心态，那么你最后只会以失败告终，你会一事无成。尝试是一种借口，你还没有做，就已经给自己想好了退路。"

"不能试验，你只有两种选择，做或者不做。""你能否挣到钱，最关键的因素并不在于你是不是有个好点子。你有多聪明也不是主要原因，决定因素是你的自信程度。"这些生动有趣的话语，相信男孩们在树立金钱观念外，还会学到更多的人生道理。

1.2 美国：要花钱打工去

作为移民国家的美国，历史很短，所以美国人传统、保守的思想较少，在生活习惯上也不墨守成规。同样，在子女理财教育方面，习惯花未来钱的美国人也与其他国家颇有不同。美国父母希望男孩早早就懂得自立、勤奋与金钱的关系，把理财教育称之为"从3岁开始实现的幸福人生计划"。

对于儿童理财教育的要求是：3岁能辨认硬币和纸币，6岁具有"自己的钱"的意识。他们有一句口头禅："要花钱打工去！"美国小孩会将自己用不着的玩具摆在家门口出售，以获得一点收入。这能使男孩认识到：即使出生在富有的家庭里，也应该有工作的欲望和社会责任感。

1.3 英国：能省的钱不省很愚蠢

提起英国人，给人们的印象是过于保守，这种作风体现在理财教育方面则表现为，英国人更提倡理性消费，鼓励精打细算。所以，英国人善于在各种规定里寻找最合适的生活方式。

在英国，从幼儿起就开始理财教育，并针对不同阶段提出不同要求：5～7岁的儿童要懂得钱的不同来源，并懂得钱可以用于多种目的；7～11岁的儿童要学习管理自己的钱，认识到储蓄对于满足未来需求的作用。

1.4 日本：自力更生，勤俭持家

日本人讲究家庭教育，他们主张男孩要自力更生，不能随便向别人借钱，主张让男孩自己管理自己的零用钱。日本人教育男孩有一句名言："除了阳光和空气是大自然赐予的，其他一切都要通过劳动获得。"许多日本学生在课余时间都要在校外打工挣钱。

在日本，很多家庭在给男孩买玩具时，都会告诉男孩，玩具只能买一个，如果想要另一个的话就要等到下个月。

以上都是国外教育男孩理财的主要方法。而在我国，很多父母也开始重视并找到教育男孩理财的方法。比如，一位妈妈这样教育男孩学会理财：

我很少给儿子零用钱，因为我希望他养成节约、不乱花钱的习惯。但是，我也希望让他知道，钱是要靠劳动获取的。所以，我让他通过做家务来获取零用钱。

儿子很听话，每天都会主动帮我扫地拖地、整理房间等。我也实现承诺，每次都根据他的劳动效果来付酬劳。这样不断地锻炼下来，男孩渐渐有了自己的"积攒"，还总是舍不得花。我相信，即使儿子长大了，有了自己的收入，也仍然会分担家务活，而且更会懂得节约、合理用钱。

让男孩靠劳动赚取零用钱，是一种有效的理财培养法。很多国家都使用了这种方法，让男孩在劳动中懂得"没有免费的午餐"和"有劳才有得"等道理，并学会珍惜、节约来之不易的血汗钱。

2. "穷"养男孩又何妨

"自古纨绔少伟男"，钱财来得太容易，男孩不懂得珍惜，也感受不到劳动的艰辛和荣耀，更谈不上自立自强。因此，现在很多父母也注意对男孩进行"穷养"。

实际上，很多闻名遐迩的世界大亨，他们因为真切体会到赚钱的艰辛与自己劳动的意义，便对男孩使用了"穷养"法。

"石油大王"洛克菲勒是闻名全球的富豪，按人们的想象，在这样人家生活的"小太阳"肯定是享尽荣华，无所不有，但事实恰恰相反。

老洛克菲勒对其子女的管教甚严。小洛克菲勒继承了这一点，他的6个子女，并没有享受过过于奢华的富裕生活，他们没有游泳池，没有网球场，没有棒球场。在洛家庄园里，所有的孩子都穿着普通的服装，玩耍着自己制作的各种玩具。

为什么会这样？用小洛克菲勒的话说："为了不出败家子。"因此，他对孩子进行"平民化"教育。他规定：零用钱因年龄而异，10岁之前每周3角，10岁之后每周1元，12岁以上每周2元。每周发放一次。孩子们所用零花钱，需要有详细记录。如果是不正当开支，在下周发零花钱时要予以适当扣除。洛氏认为：这是教育孩子力求节约，避免浪费。

小洛克菲勒还积极地鼓励孩子们参加家务劳动，以此来获得额外的补贴。比如：逮到走廊上的苍蝇每一百只1角，捉住阁楼上的耗子每次5分。背柴火、垛柴火和拔草每小时可得若干，等等。当时9岁的二儿子纳尔逊（后来的副总裁）和7岁的三儿子劳伦斯（后来的新工业巨子）就主动地承包了全家的擦皮鞋活儿。皮鞋每双5分，长筒靴每双1角。

平时，小洛克菲勒会带头补衣服给孩子们看。他还要求孩子开垦菜园，种菜种瓜，除满足自家需要外，还卖给附近的食品杂货店。纳尔逊和劳伦斯当时就合伙饲养过一批家兔，卖给了医疗所供科研使用。

小洛克菲勒为使子女不饱食终日，挥霍无度，当第一次世界大战爆发，造成物资短缺，而自身又完全可以食精脍细的时候，他要求全家和千万平民一样转为战时的经济状态：食糖限量，面包限额，戒吃牛肉，甚至不许子女外出游乐。这种严格的平民化的生活与观念的训教，逐步养成了子女们崇尚节俭、反对奢华的优良品格。

小儿子戴维（后来的大通国民银行总裁）在读大学时，就曾回忆道："从我们最初的岁月起，父亲就教我们不要把食物吃剩在盘中，不用灯时不能将灯亮着，不能随便地乱花钱……这是令人憎恶的浪费和懒惰。"

　　洛克菲勒富甲天下，却舍不得给孩子太多钱，对于孩子的零花钱，不但根据年龄制定了不同的标准，还鼓励孩子依靠工作赚钱。中国的父母可能会认为洛克菲勒对自己的孩子太苛刻了，事实却并不是这样的。他鼓励孩子们工作，是为了让孩子积累宝贵的人生经验，让孩子体会到父母赚钱的辛苦，让孩子明白只有付出才会有收获。孩子通过劳动赚钱，不但产生一种成就感和自立感，也为将来独立开创事业积蓄了知识和力量。

　　实际上，快乐在于创造财富而非拥有财富。父母爱儿子，就不能让他们坐拥财富，要让他们凭自己的本事挣钱花。

　　大量事实证明，过早地给男孩太多金钱对他们的人格养成并没有好处。"穷养"男孩，反而更能让他们远离吸毒、酗酒和游手好闲地混生活。

3. 善用压岁钱

　　对于幼小的男孩来说，压岁钱是他们一笔可观的"收入"。如何使这笔钱用得有意义，是父母们经常讨论的话题。那么，我们不妨来看看父母们的不同处理方法：

3.1 收归父母

　　李女士：我的儿子今年上小学二年级，平时爱上网、打游戏，此外，过完年，同学们手里都有了钱，今天你请客，明天我请客，儿子在吃吃喝喝中学会了"腐败"，以后肯定会对他们的价值观产生严重的影响。去年，我偶然中跟孩子聊天时了解到他们吃请的事，"当时那种感觉真的不知道怎么表达，社会上的不良风气也在感染着儿子。"寒假时间比较长，为了怕他乱花钱，养成不好的习惯，因此对于儿子的压岁钱，我都会要求儿子全部上缴，我来为他进行安排。

这种方式在现在的家庭中占到的比例相对较大。李女士的做法虽然可行，但是对男孩的自主能力明显有一定的压制，同时也可能使得男孩产生一定的逆反心理。虽然有时碍于父母的威风或情面而忍受，但对他本人的心理成长却是有害的，时间长了，次数多了会导致男孩对父母的不信任，所以压岁钱的使用还是要"商量着来"。

3.2 放任自流

张先生：我和老婆平时很忙，收入还算过得去，因此对于孩子的零用钱和压岁钱从来都没有加以限制，我们希望从小培养孩子的独立能力，所以让孩子自己打理压岁钱，我们基本上不过问。

由于男孩的思维没有成熟，管理钱的能力明显还不够，因此让男孩自己做主往往会使男孩不知如何办，加上男孩思维简单，身上有太多的金钱反而不安全，因此这种方式也不利于男孩的成长。

刘女士：我是一名大学教师，对于孩子的个人独立能力非常看重。从儿子的第一份压岁钱开始，我就给儿子存了起来。孩子的零用钱我一般不干涉，但是孩子每次用钱时，我都希望他将用途告诉我，这样我们能够一起做主，我也为孩子开立了银行账号，让孩子自己独立管账，孩子与我的关系很融洽。

现在的孩子在物质生活上都很充足，他们更需要的是见识外面的世界，去感受大自然的奇妙。我会经常带孩子出游，而出游费用都是AA制，儿子的费用就是他的压岁钱。这样，让孩子用"自己的"钱出去旅游，非常利于培养他们提早自立，并让孩子策划自己的行程，学会有计划的生活。

刘女士的做法非常值得提倡，其实压岁钱理财本来就是一个值得提倡的概念，因为理财、教育两不误，让男孩从小就树立理财意识，收获的应该不仅仅是压岁钱的增值。

第四章

习惯培养

第一节　规划人生

引语

　　人生好比是一次航行。面对浩瀚无垠的大海，如果我们想拥有精彩的人生之旅，那就需要精心设计航程。没有规划的人生，就好比漫无目的的航行。只有精心准备的航行才会惬意，也只有科学规划的人生才会更精彩。

1．帮男孩树立目标

　　"儿子长大了要干什么？"

　　作为父母，多少都想过这个问题。只是，很多父母并没有真正深入、细致地和儿子一起研究过这个问题。对于这个问题，我们认为应教导男孩分三步走做好人生规划：

3.1 帮男孩树立目标

　　"订立目标"可让男孩感受到那是"他的目标"，而不是"为父母去实现目标"。当然,男孩所订立的目标,要是他自己能"看得见,摸得着"的。

例如,曾经畅销一时的《哈佛女孩刘亦婷》中,写到父亲从小为女儿定下的目标就是要让孩子能够接受哈佛的优质教育。父亲不仅和孩子一起确定这个目标,而且在孩子能够自己感受的时候,就带孩子去"哈佛朝圣",让孩子感受真实的哈佛力量,"就读哈佛"成了孩子很真实的动力。

给男孩一个梦,在男孩心中点燃一把火,让它燃烧,成为他们自己努力、奋斗的内动力——这是人生设计最重要的第一步。

3.2 目标阶段化

有了明确的人生目标,就进入第二步,"分解目标,制订阶段计划"。

例如，孩子的目标是做一个医生。那么就和孩子分析，现在在社会上做医生，需要接受怎样程度的教育，需要具备怎样的素质，在求学的每个阶段要实现什么目标，等等。慢慢分解出来，就可以和孩子一起绘画出一个比较丰满的人生蓝图。

有了清晰的人生蓝图，就可以和男孩一起分阶段制订有效的阶段计划，而且必须是书面的计划，持之以恒督促男孩落实。在男孩形成习惯后，就能朝着目标一步步往前走了。

3.3 提升综合素质

在现代社会，学习成绩是重要的，但是男孩的综合素质就更加重要了。从小树立了人生目标，父母和儿子可以及时找出现实与这个目标间的差距，调整学习方向，培养相应的能力和素质。

有一位父母这样培养儿子：

他让儿子从小认定，自己将来要从事律师或相关的职业。所以，在学习方面，他就很注意孩子语言能力的培养，引导孩子阅读浩繁的书籍，广泛涉猎商业、经济方面的知识，在兼职的选择、社会活动方面上父母也引导孩子要有所选择，一切都力求与职业方向吻合。

从小就开始人生规划，设立人生目标，可以让孩子在教育资源有限、生存竞争日趋激烈的社会上保有立足之地，拥有美好的人生。

2. 让男孩合理选择

著名印象派画家高更有一句十分经典的话："我们从哪里来，我们往哪里去？"他提出了伴随我们一生的困惑。人生旅途中，我们会遭遇许多两难的问题。那么，我们如何做选择呢？父母们应该如何教导儿子学会选择呢？

关于选择，一位教师给大家分享这样的一段思考：

我们班里有个画画很好的男孩子。作为美术老师，我很喜欢他，总觉得他有天分，只要坚持也许会在美术上取得一定成就。但是，有一次他跟我说了一句话："妈妈说我只要学好数学就够了，其他的不重要！"这个很爱画画的男孩，为什么会说出这样的话呢？原来，他的父母在无形中已经帮他做了选择。

可是，放弃美术学习，让他学数学，这真是适合他走的路吗？他或许有一天在数学领域取得一点成就，但他不会后悔曾经放弃了美术吗？如果他坚持学习美术，或许可以获得更高的成就呢！因为，选择的智慧在于热爱——只有热爱，才会尽心尽力。

这位老师的思考不无道理——只有热爱，才会尽心尽力。这也是男孩的梦想能否实现的关键之处。父母总是喜欢帮助男孩做出选择，乖点的男孩就会默默承受，叛逆点的男孩就会直接反抗，从而造成亲子的矛盾。

实际上，父母多认真听听男孩的心声，尽量地帮他实现自己的梦想，而不是父母的"梦想"，男孩也许更能成为优秀者，也会更加懂得感恩父母。

所以，父母应适当放手，让男孩学会做出合理选择。

3. 教男孩规划人生

对于幼小的男孩来说，人生规划包括学习和生活两部分。人生规划，也是男孩必须具备的一种能力。教会男孩安排自己的学习和生活，是每个父母应该做到的事情。因为，不管有多大能耐的父母，也都只能为天使男孩"缝补"翅膀，而不能替他们飞翔。

父母可以从以下几个方面来教男孩安排自己的学习和生活：

3.1 随兴而行

程程从小就喜欢摆弄飞机模型。妈妈发现这点，就鼓励孩子参加各种航模比赛。在妈妈的支持下，程程利用课余时间专门研究航空知识，最后考上了著名的北京航空航天大学。

根据兴趣，引导男孩制定学习目标，可以帮助男孩取得可喜的成功。

3.2 量力而为

父母应教导男孩根据自己的实际能力规划学习，即量力而为。

在漫长的学习过程中，短期计划显得尤其重要。教男孩一步一个脚印地走，无非是教会他脚踏实地、循序渐进的人生态度。也只有这样，男孩所学的东西才会得到巩固，乃至最后发生质的飞跃。

3.3 劳逸结合

劳逸结合，就是工作与休息相结合。对男孩来说，就是学习与休息或运动的合理结合。父母在教导男孩在规划学习的同时，也要把学余生活做好规划。比如，什么时候休息或做运动，时间多少等。

哈佛女孩刘亦婷，就是通过运动来保持学习精力的。在非常紧张地准备哈佛大学考试时，她仍然坚持走楼梯或起蹲。因为坚持运动，她能及时放松大脑，又投入新的学习，最终成为包括哈佛在内的几大世界名校都录取的优秀学生。而这种劳逸结合的好习惯，是她的妈妈从小给培养起来的。

可见，教会男孩劳逸结合，能让男孩学习、身体、心灵三得利。

第二节　养成劳动好习惯

引语

　　劳动，是人类社会发展的基石。其中，脑力劳动创造了发展方向，体力劳动便来进行实践，在脑力体力的共同作用下，人类才能发展不止。而一个爱劳动的男孩，他的发展前景也是无限的。

1. 劳动好处多

人们都知道，劳动有益。下面，就是劳动对男孩的五种主要益处。

1.1 益智

　　"户枢不蠹"，劳动也是一种运动。劳动能改善血液循环、促进新陈代谢和发展大脑思维等，对男孩有益智功效。

1.2 健身

　　劳动过程中，男孩的身体也得到释放。经常进行体力劳动的男孩，往往比少劳动的男孩更加强壮结实和更有气力和耐力。

1.3 塑造人格

劳动不仅可以益智强身，还能塑造人格。劳动能锻炼男孩吃苦耐劳、克服困难的意志力，养成勤俭节约、艰苦朴素的好习惯，使男孩具有良好的社会适应力，有利于日后的生存发展。

1.4 珍爱生命

在劳动过程中，男孩会渐渐理解生命存在与发展的条件——一份收获一份耕耘。明白了生命的不易，男孩才能尊重、珍爱生命，消除轻生倾向。

1.5 发展情商

一个从小爱劳动的男孩，都有勤快奋进的劲头。这往往能使他更快更好提升自己的各种技能，并得到别人的赏识，从而大大提高成功的几率。

2. 妈妈，请歇歇

很多妈妈会抱怨，家里大事小事都要自己操心，心力皆疲。有工作的母亲，更是对此颇为不满。实际上，男孩是最大的操心对象。如果适当地让男孩分担一些家务活，妈妈的身心也就可以"歇歇"了。而既然做家务也是一种劳动，对男孩益处

多多，妈妈何乐而不为呢？

有位父母这样分享教育男孩做家务的经验：

谈到让孩子做家务的话题，我不由得想到了表姐的儿子丁丁。表姐特别宠丁丁，从小到大，丁丁的内衣都是表姐帮忙洗的。表姐还总说："我儿子的手是用来弹钢琴的，我可不能让他干粗活。"结果呢，丁丁弹钢琴没弹出好成绩，如今上了高中，大事小事都得靠他老妈，我总说他得了"老妈依赖症"。

有了前车之鉴，我教育儿子摒弃"宠"和"娇"。儿子刚上小学，我就让他学着自己洗衣服。起初他很不高兴，撅着嘴说："妈妈，是写作业重要，还是洗衣服重要？"我有些生气地说："写作业重要，洗衣服更重要！"接着，我给他讲了"一衣不洗何以洗天下"的道理，并告诉他，学着做家务，掌握生活技能，锻炼自理能力，才能真正长大。一个人连自己都照顾不了，以后还能干成什么大事？

后来，儿子慢慢喜欢上做一些力所能及的事。他不仅洗自己的衣服，有时还帮我洗小件的衣服。在劳动过程中，儿子体验到艰辛和快乐，也收获了不少心得。

儿子上小学三年级的时候，已经能主动地帮我做家务了。有一回，我周末有事早早出门，晚上回家后，发现儿子把屋子收拾得干干净净，茶几、窗台也都擦得一尘不染。儿子兴奋地对我说："妈妈，你每周都要大扫除，这周你没空，我就打扫了一下，把家里收拾得干干净净，感觉真舒服！妈妈，我乖不乖啊？"我使劲地在儿子的小脸上亲了一下说："宝贝真乖！"

我发现，通过做家务，还能增强孩子作为家庭一员的责任感和使命感，使他有为家出一份力的愿望。

儿子上五年级以后，开始学习做简单的饭菜，比如蒸米饭、西红柿炒鸡蛋等。如今，儿子在寄宿学校上学，不仅能把自己照顾得好好的，还经常帮助其他同学。

有一次，我看到儿子的笔记本上写着这样一段话："我很小的时候，妈妈就教我做这做那，锻炼我的生活能力，我很感谢她。其实妈妈给了我一双隐形的翅膀，虽然靠这双翅膀不一定能飞得多高多远，但我相信，我能靠这双隐形的翅膀飞向快乐的天空。"

这位聪明的妈妈，从小培养了男孩做家务的好习惯，不仅培养了男孩的动手能力，还培养了男孩的责任感，甚至有能力去照顾别人。男孩在笔记本上写的话，更加说明了这位母亲的成功——在劳动里，男孩生出了一双翅膀，并勇于展翅飞翔。

3．劳动促学习

"穷人家的孩子早当家"，这句话很有道理。很多"穷"男孩，从小就需要帮助家里干活。因为尝到劳动的苦累，才知生活的艰辛，从而珍惜可以改变生活状况的学习机会。因此，劳动是"穷养"男孩的一种好方法。

而男孩在进行劳动的过程中，往往需要寻找方法、解决一些困难，这也是一种学习的过程。因此，劳动力强的男孩，学习力也不弱。只要妈妈引导得当，把男孩对劳动的那份热爱转移到学习上，男孩的成绩必然优秀。

第三节 学习习惯

引语

"未来的文盲，不再是不识字的人，而是没有学会怎样学习的人。"法国教育家保罗·郎格朗如是说。而"习惯不形成，学习等于零"。美国教育家赫尔如此认为。可见，良好的学习习惯对男孩的意义有多大。

1. 学习出生始

学习，是一种能力，从出生开始。男孩的模仿能力，就是一种学习能力。父母从小培养男孩良好的学习意识，就是为男孩的成长成才铺出金色道路。

犹太人一直以来都被公认为是一个优秀的民族，这与他们从小培养起学习意识和把学习当作一件平常事有密切关系。那么，犹太人的育儿秘诀在哪里呢？

1.1 书本是甜的

在犹太人家里，孩子稍微懂事，母亲就会翻开《圣经》，滴一点蜂蜜在上面，然后叫孩子去吻《圣经》上的蜂蜜。这仪式的用意是，书本是甜的。犹太人家庭还有一个世代相传的传统、习惯，那就是书橱要放在床头。要是放在床尾，就会被认为是对书的不敬。联合国教科文组织1988年的一次调查表明，在以犹太人为主要人口的以色列，14岁以上的人平均每月读一本书；在人均拥有图书和出版社以及每年人均读书的比例上，以色列超过了世界上任何一个国家，为世界之最。

1.2 知识即智慧

犹太人家庭的孩子，几乎都要回答这样一个谜题："假如有一天你的房子被烧毁，你的财产被抢光，你将带着什么东西逃跑呢？"如果孩子回答的是钱或财物，母亲将进一步问："有一种没有形状、没有颜色、没有气味的宝贝，你知道是什么吗？"要是孩子回答不出来，母亲就会说："孩子，你要带走的不是钱，也不是财物，而是智慧。因为智慧是任何人都抢不走的，你只要活着，智慧就永远跟着你。"

从犹太人的育儿秘诀看来，他们被誉为"世界上最聪明的民族"，不是偶然。"书本是甜的"、"知识是智慧"等观念从小就深植于犹太人的脑海，并成为他们一生的信念，促使他们终身学习、自主探索，从而造就了很多伟大的世界名家。

2. 自主学习

很多父母抱怨男孩学习不积极主动，让人操心。老师们也感觉到，男孩学习的依赖性特别强，从收拾书包到做作业，处处透着父母的影子。这样，男孩的自主学习能力很差。

　　读初中的浩然，成绩在班里比较落后。在课堂上，他从来不举手发言，做家庭作业时，总喜欢打电话跟同学讨论，或者直接到网上搜索答案。

　　从浩然的表现看来，他成绩落后的主要原因就在于学习不主动积极。做作业又不经过自己的思考，都是向别人或网络"借"答案，学习能力更不会得到提高。如此看来，自主学习的好习惯需要尽早养成，否则，学业越重，男孩的惰性也就越强。

　　浩浩正在写作业。突然，他眉头一皱大喊一声："哎呀，这道题不会做！"紧接着，爷爷奶奶、爸爸妈妈闻声拥来。大人们努力发挥"集体智慧"，顺利帮浩浩解决了那道难题。过了一会儿，浩浩又大叫："快来啊，你们看看我这道题算得对不对？"于是，全家人又围了上去。

　　现在的男孩大都是家中的独苗，家人都把他奉为"小皇帝"，

连学习都有人"伺候"。但这种"伺候"的结果是，男孩依赖性强了，学习自主性和能力却得不到发展。

可以说，男孩学习不主动、自主能力差，责任大多在于父母。尤其是男孩子，他们对学习的反感、畏惧和逃避心理更加严重。

那么，如何帮助男孩养成自主学习的好习惯呢？

2.1 带着使命感去学

学习为了什么？很多男孩真不知道。而当一个人做事，却不知其中意义的话，就很难主动努力、积极探究，男孩的学习主动性同样受到限制。因此，告诉男孩学习的意义，有助于男孩带着使命感去学习。

比如，父母可以利用孩子崇尚英雄的心理特点，告诉孩子，努力学习就是为了以后有能力帮助弱小的人、使世界变得更加美好。这样，孩子便懂得学习的意义就是能使自己变强，长大后可以实现英雄梦。

2.2 帮助男孩制定小目标

当男孩懂得了生命的意义在于实现"英雄梦"，帮助男孩制定小目标就显得很重要。因为，任何事情都是需要人一步一个脚印才能完成的。小目标，就是男孩的一个小脚印。

比如，父母要帮助孩子制订一个短期的学习计划，并以某个程度的进步作为目标。在认真执行小计划，达到小目标的过程中，孩子的成就感会使他更有信心去继续完成下一个目标。这样，在制定和完成目标的不断循环中，孩子的自主学习习惯便自然而然地形成了。

2.3 教予男孩学习方法

很多时候，男孩因为学习不得法而产生厌学心理。特别是学业明显加重的中学生，太多学科的任务往往会使他们应接不暇、手足无措，加上意志薄弱，逃避就是他们"最好"的应对方式。所以，父母应根据男孩的具体情况给予男孩相应的学习指导。

比如，自己小时候学习很棒的妈妈，可以给孩子讲讲自己的经验；自己也曾经为学习所苦的妈妈，可以借鉴通过书本或与老师交流为孩子寻找方法。无论如何，学习时间充足而有规律、课前预习课后复习、多记多背等方法都是通用的。

3. 优秀，也是习惯

美国教育家赫尔认为："习惯不形成，学习等于零。"良好的学习习惯，有利于激发男孩学习的积极性和主动性；有利于形成学习策略，提高学习效率；有利于培养自主学习能力；有利于培养男孩的创新精神和创造能力，使男孩终身受益。总之一句话：优秀，也是习惯。

父母要致力于培养男孩的几种学习习惯：

3.1 认真听课

很多男孩成绩不理想，主要是因为上课不认真，所学知识有缺失。可是，父母又不能跟男孩一起"上学"，怎么办？

有效的方法是：妈妈在家给男孩讲故事时，注意男孩认真听讲的习惯。比如，抓住男孩好奇的心理，巧设悬念，让男孩带着疑问去听讲；或者鼓励男孩听故事后复述故事，这样男孩也必须得集中精神听讲了。

3.2 及时完成作业

有些贪玩的孩子，回家一甩书包便看电视或玩游戏，完全不顾作业多少。尤其是男孩子，更容易出现这种情况。这时，妈妈就要给男孩立下规矩：要玩，必须先完成作业。

有效的方法是：妈妈让男孩休息几分钟后，便开始做作业。在做作业的时间里，男孩不能吃东西、多走动。这样，才能保障男孩作业的效率和质量。

3.3 专心做作业

很多男孩做作业时，喜欢吃点东西、上个厕所或玩会儿游戏，这样三心二意的后果是：作业完成效果不好、做作业时间过长甚至漏做等。

有效的方法是：妈妈对男孩进行监督，用奖惩的方式让男孩专心做完作业。只有养成了专心做作业的习惯，男孩对所学知识才有可

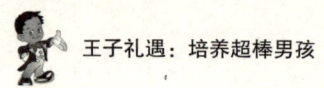

能深入研究，从而学精学通。

3.4 提前预习

提前预习，对新知识有个初步印象或者带着问题去上课，可以帮助男孩在课堂上更快更好地理解和记住老师所讲的内容。这样，就可以保障男孩在课堂上所学知识的质量。

有效的方法是：妈妈在男孩完成作业后，另外给男孩布置预习"作业"。比如，语文方面试读课文，找出生字词，或借助工具书对课文做个大概的了解；英语方面让男孩看碟片、听读单词或课文；数学方面则让男孩提前了解知识点，试着做做相关练习等。

3.5 及时复习

孔子曾说："温故而知新，可以为师也。"意思是人在复习已学知识时，能有新体会、新发现，这样也可以做老师了。可见，复习对巩固和拓展学习有很大帮助。

有效的方法是：在男孩做作业时，妈妈要鼓励男孩多温习课本知识和所做的笔记，通过不断地回顾前面所学知识，来更好更准确地完成作业。这样，也可以避免男孩遇到难题就向别人"借"答案。

总之，优秀是一种习惯，让男孩拥有一个好的学习习惯，男孩就能更加自主自觉地追求成功。聪明的父母们，赶快行动吧，让孩子的优秀从习惯开始。

第四节 文明习惯

引语

　　都说我们中国是礼仪之邦，文明礼貌是我国的优良传统。一个文明礼貌的人，其待物接人处处显得温和从容，能给人带来无比的愉悦感。因此，文明礼仪是人际关系中最好的润滑剂。

1. 文明礼仪

文明礼仪，是一个人的思想道德水平、文化修养、交际能力的外在表现。对于男孩来说，文明礼仪主要包括以下三个内容：

1.1 仪表

仪表是指人的容貌，是一个人精神面貌的外观体现。一个人的卫生习惯、服饰与形成和保持端庄、大方的仪表有着密切的关系。

卫生

清洁卫生是仪容美的关键，是礼仪的基本要求。不管长相多好，服饰多华贵，若满脸污垢，浑身异味，那必然破坏一个人的美感。因此，父母们要帮助孩子养成良好的卫生习惯。比如，勤刷牙、洗澡、修指甲、理头发等。

服饰

服饰往往能展现一个人的气质。对于男孩来说，服饰要合身、干净，要适合性别和年龄特点。

1.2 言谈

言谈是艺术，也是文明礼仪的重要组成部分。其中，态度和用语都能展现男孩的素质。

态度

热情、恳切的态度，往往能得到别人的信任，交到真心朋友和受人欢迎。

用语

礼貌语言是指敬语。我国提倡的礼貌用语是十个字："您好"、"请"、"谢谢"、"对不起"、"再见"。这十个字体现了说话文明的基本的语言形式。

1.3 举止

谈姿

谈话的姿势往往反映出一个人的性格、修养和文明素质。所以，父母要教育男孩与人交谈时，要正视对方、认真听讲，不能东张西望、哈欠连天。否则，就会给人心不在焉、傲慢无理等不礼貌的印象。

站姿

站立是人最基本的姿势，是一种静态的美。父母要教育孩子站立时，身体应与地面垂直，重心放在两个前脚掌上，挺胸、收腹、抬头、双肩放松。双臂自然下垂或在体前交叉，眼睛平视，面带笑容。站立时不要歪脖、斜腰、曲腿等，在一些正式场合不宜将手插在裤袋里或交叉在胸前，更不要下意识地做些小动作，那样不但显得拘谨，给人缺乏自信之感，而且也有失仪态的庄重。

坐姿

坐，也是一种静态造型。端庄优美的坐，会给人以文雅、稳重、自然大方的美感。正确的坐姿应该：腰背挺直，肩放松。男性膝部可分开一些，但不要过大，一般不超过肩宽。双手自然放在膝盖上或椅子扶手上。在正式场合，入座时要轻柔和缓，起座要端庄稳重，不可猛起猛坐，弄得桌椅乱响，造成尴尬气氛。总之，无论何种坐姿，上身都要保持端正，如古人所言——"坐如钟"。

走姿

行走是人生活中的主要动作，走姿是一种动态的美。"行如风"就是用风行水上来形容轻快自然的步态。正确的走姿是：轻而稳，胸要挺，头要抬，肩放松，两眼平视，面带微笑，自然摆臂。

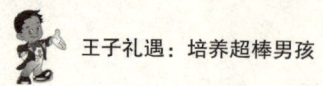
2．培养在点滴

每位父母都希望自己的儿子是一个有礼貌、有教养的男孩，因为良好的礼貌习惯是人际关系的起点。不懂得以礼待人的人，别人就不会尊重他，在人际交往之中就会产生许多摩擦，也会失去许多朋友和机会。

因此，父母的愿望不仅仅是培养一个聪明的男孩，更要培养出一个文明的男孩。那么，父母可以在点滴生活中这样培养男孩的礼仪：

2.1 以身作则

父母常常把"您好"、"谢谢"、"请"、"对不起"等礼貌用语挂在嘴边，男孩就会在耳濡目染中受到潜移默化，并自然而然地进行模仿了。久而久之，男孩会变成一个文明礼貌的男子汉，惹人喜欢。

2.2 要求言行

从男孩学会说话、能够听懂一些简单的提示和要求时起，父母就要有意识地在各种场合下，告诉他应该怎样做。

比如，早晨离开家时，要和家里人说"再见"，到了幼儿园要问"保安叔叔好"、"小朋友好"，等等。

2.3 鼓励待客

聪明的父母会鼓励男孩参与待客，学做"东道主"。同时，给男孩讲解待客的"规矩"，使男孩懂得一定的待客礼仪。

比如，亲友来访时，听到敲门声要说"请进"；见了亲友，要按称谓主动亲切问好；拿出点心、水果等热情地请客人吃；当大人谈话时，不随便插话；小客人来时，应主动拿出玩具与小客人玩；共同进餐的人未完全入席前，不得动餐具自己先吃；客人离开时，要说"再见"，并欢迎客人再来，等等。

男孩在来客时做一些力所能及之事，这样也可以培养男孩的主人翁意识和提高其家庭责任感。并且，他的礼貌周到会给客人留下良好印象，对男孩对父母的人际交往都有好处。

第五节　环保习惯

引语

地球是人类的家园，保护地球是我们每个人的责任。因此，人的环保意识要从小培养。而一个拥有良好的环保习惯的男孩，其受人尊重的程度肯定比一个暴殄天物、破坏环境的男孩要高很多。

1. 环保何益

环保，已经是人类的重大议题。那么，环保的意义就可想而知了。

古时候，在我国江南某地有一个小官吏。一天，他接到一个出差的任务，是到当时的京城去送文件。他骑着一匹马匆匆上了路，傍晚，他歇宿在一个旅馆里。旅馆里有一口水井，井水冬暖夏凉，还有一丝淡淡的甘甜。小官吏喝着井水，感到旅途的辛劳减轻了不少。这口井为南来北往的人增添了许多美好的回忆。但这个小官吏是个自私自利的人，第二天早上他离开旅馆时，顺手便把马吃剩下的残草败根倒在了水井里。

过了一个月左右，小官吏从京城办完事回来，又来到这家旅馆。他赶到这里时，天已完全黑了，经过一天的长途奔波，小官吏感到又累又渴，他便从水井里打水上来喝。由于天黑看不清水桶里的水，小官吏又渴得够呛，喝起水来如同牛饮一样，结果喝进去一根草秆。草秆卡在小官吏的喉咙里，吞又吞不下，吐又吐不出，不一会儿，小官吏就一命呜呼了。而这草秆正是他前次来的时候，倒在水井里的。

古人为了吸取小官吏的教训，便告诫后人说："千年井，不反唾。"这就是告诫人们不要弄脏水源的意思。

孩子是祖国的未来，是21世纪的主人，对孩子进行环保教育，增强他们的环境保护意识，意义深远而重大。

2. 从意识到习惯

孩子的环保习惯，就是要从小意识开始，在日常生活中培养。

男孩如一张白纸，需要父母为他着墨。父母是孩子的第一位老师，可以启蒙男孩的环保意识，让男孩在认识环保重要性和意义的情况下进行实践。

2.1 言传身教

要加强自身的环境教育素质，做到处处为孩子立榜样，多阅读一些有关环保方面的书籍，并要注意自己的行为从一点一滴做起，用自身的言传身教去影响男孩，教育男孩。比如，不随地吐痰，不乱丢瓜皮纸屑，不在公共场所吸烟，不高声喧哗，不制造噪声影响其他人的生活等。

同时，告诉男孩由于人类的任意砍伐，森林遭到破坏，所剩树林无法吸收空气中的二氧化碳，造成全球气温上升。在平时少用塑料袋，塑料杯，最好用纸袋、篮子，减少白色污染。

2.2 自然教育

让男孩多亲近大自然，父母可以利用晚饭后或休息日带男孩到公园、野外里走走、看看、玩玩，对幼儿的不良习惯随时纠正，给他讲解关于动物、植物、自然现象等环保方面的知识，从而萌发出幼儿热爱大自然，保护大自然的积极情感。

2.3 密切关注

父母在日常生活中，要密切注意幼儿的一举一动，及时进行环保教育。如发现幼儿平时乱摘花、乱丢纸屑、随地吐痰或在公众场合高声喧哗等现象，父母就及时地晓之以理，让幼儿既纠正了自身的不良行为又增强了环境保护的意识。

进餐时，鼓励男孩不挑食，不浪费饭菜，并通过故事等形式教育幼儿拒食野生动物，知道保护动物也是爱护环境，初步了解人与植物、动物之间的关系，萌发幼儿保护环境的潜在意识。

总之，父母不仅要身体力行，为男孩提供环保榜样，而且要多注意他们的日常行为，多给予鼓励和赞扬，让男孩在成就感的作用下养成保护环境的良好习惯。实际上，拥有良好环保的习惯，也是一种人格魅力。

3. 环保也是再创造

环保，不仅表现为不污染、不破坏，有时也可以是再创造。

据悉，某市某社区举行"环保风筝DIY"活动。小学生们在民间艺人的辅导下，利用清洗好的废弃横幅、布头等材料制作风筝。男孩们在制作"环保风筝"的过程中，既感受了传统文化的魅力，又更深地理解了环保的意义。

回收利用废品，是一种节约、充分利用资源的好方法。

第五章

人格塑造

第一节　仁爱——暖入人心

引语

从古至今，爱心都被认为是一个人的基本道德和社会的灵魂。孔子说"仁者爱人"，孟子讲"王道"，都是以爱为核心的。爱心的产生，是基于个体的社会性情感需要，它不是人与生俱来的品质，而是在后天的环境和教育的熏陶下逐渐形成的习惯性心理倾向，必须在童年时悉心培养。

1. 爱在广博

有爱的人，心胸不会狭窄。爱，在于广博。孟子曰："老吾老以及人之老，幼吾幼以及人之幼。"范仲淹也说："先天下之忧而忧，后天下之乐而乐。"还有特蕾莎修女的善行和甘地的牺牲等等，这些都是广博无私的爱。

1.1 爱，既是无私的，又是广大的

爱是以爱人为基础，包括爱祖国、爱集体、爱人民、爱生命、

爱人类的生存环境、爱大自然、爱人类的劳动创造、爱文明进步、爱一切真善美的事物。博爱，是既能把爱给予亲人，给予朋友，也能给予不认识的人，正如一首歌中所唱："无论你我可曾相识，无论在眼前在天边，衷心地为你祝愿，祝愿你幸福平安。"我们的男孩，喜欢动物或植物都是爱的精神表现，值得珍惜与呵护。

1.2 爱，是一种宽容

爱，是一种宽容。因为，"人非圣贤，孰能无过"。但能真正做到"严于律己，宽于待人"，也并不容易。而爱，就可以宽容对待那些曾经做错事而诚心悔过的人。所谓"浪子回头金不换"，只有给浪子一个机会，他才能回头。因此，爱也是"化干戈为玉帛"之爱。

容易犯错的小孩，若是能得到适当的宽容以有机会改错，何曾不是成人对他们的爱？而这样的爱，又给男孩一种模仿范本，自然会代代相传。

1.3 爱，是实际行动

约翰·费希特说："行动，只有行动，才能决定价值。"可见，爱心寄寓于实际行动。那么，对于男孩来说，对小动物、小植物的呵护，对受灾者的捐助和对别人的尊重与善意等，都可以是实际行动。当然，这需要父母们的引导、鼓励甚至给予机会。这样，男孩才能在不断地"行善"中培养起广博的爱心。

爱是一种广大无私、无比崇高的爱。我们的小男子汉，就应该携着爱之心，奔赴美好人生。

2. 瑞恩的井

这是一个真实的感人的故事：

瑞恩是加拿大一个普通家庭的一个普通的孩子。6岁的小瑞恩读小学一年级时，听老师讲述非洲的生活状况：孩子们没有玩具，没有足够的食物和药品，很多人甚至喝不上洁净的水，成千上万的人因为喝了受污染的水死去。

老师还说："我们的每1分钱都可以帮助他们：1分钱可以买1支铅笔，60分就够1个孩子两个月的医药开销，2块钱能买1条毯子，70加元（约合380元人民币）就可以帮他们挖一口井……"对于这件事，瑞恩深受震撼。他决定捐70加元，帮助非洲的孩子挖一口井。

不过，他的妈妈并没有直接给他这笔钱，也没有把这个想法当成小男孩头脑一时发热的冲动。妈妈对瑞恩说："家里一时拿不出70加元。你要捐70加元是好的，但是你需要付出劳动。"妈妈让他自己来挣这笔钱，妈妈说："儿子你要多干一些活，多承担一些家务，慢慢地积攒，积攒到一定时候，就能够有这些钱了。"瑞恩说："好，我一定多干活。"

于是瑞恩开始承担正常家务之外更多的事。哥哥和弟弟出去玩，他吸了2小时地毯挣了2块钱；全家人都去看电影，他留在家里擦玻璃赚到第二个2块钱；他还要一大早爬起来帮爷爷捡松果；帮邻居捡暴风雪后的树枝……

瑞恩坚持了4个月，终于攒够了70加元，交给了相关的国际组织。然而，工作人员告诉他："70加元只够买一个水泵，挖一口井要2000加元。"小小年纪的瑞恩没有放弃，他开始继续努力。一年多以后，通过家人和朋友的帮助，他终于筹集了足够的钱，在乌干达的安格鲁小学附近捐助了一口水井。

事情至此并没有结束，因为还有更多的人喝不上干净的水。于是，瑞恩决定攒钱买一台钻井机，以便更快地挖更多的水井，让每一个非洲人都喝上洁净的水成了瑞恩的梦想……

就这样，瑞恩的故事被登在了报纸上。5年后，当初只是一个6岁孩子的梦想竟成为千百人参加进来的一项事业。2001年3月，一个名为"瑞恩的井"的基金会正式成立。这个普通的孩子，也被评为"北美洲十大少年英雄"，并被人称为"加拿大的灵魂"，影响着越来越多的人去爱和帮助他人。

这就是爱的力量。小小的瑞恩利用自己的努力去帮助非洲人挖井，实际上挖出了自己和更多人的爱心。

当然，瑞恩的妈妈对瑞恩的鼓励也是举足轻重的。她并不像大多父母一样，直接替儿子承担捐款，替儿子去实现爱心，而是鼓励儿子为他的爱心付出一份诚实的劳动。只有这样，才是儿子的真正爱心。而当爱心不断扩大时，瑞恩也越来越可爱，赢得大家的喜爱是值得的。也可以说，一个有爱心的人也不会孤独。

3. 爱心值得珍惜

央视节目某个中学生节目，其中有一个这样的小品：

一位妈妈在洗衣服，儿子在看书。不知道看到什么故事，儿子很感动，就对妈妈说："老妈，我很爱你。"他妈妈听了以后，什么话也没说，继续洗衣服。儿子见妈妈没反应，又说一遍："老妈，我真的很爱你。"他妈妈听了以后，稍微一停，说："说吧，你要多少钱？"儿子一听，就愣住了。

这个小品让大家都笑了，但笑得很心酸。因为这位妈妈以为儿子说爱她是为了要钱，并无诚心实意。这说明，父母对男孩的爱心信任度太小。从一开始的沉默到最后的"无奈"提问，一步步否定、扼杀儿子的善意，这大概是很多父母都有过的事吧？

我们的父母，往往以为男孩表达善意或爱意时，都是为了某种目的。因此，当男孩说出一些甜蜜的话或是做出一些温情的事时，父母们就条件反射地起了防范之心。这样不分青红皂白的质问，不仅会伤害男孩的善心，而且打击男孩继续表示爱的信心。

因此，男孩在表达爱时，父母一定要懂得珍惜和及时鼓励。即使男孩是为了什么目的，也并不代表他没有爱意，父母就要先夸赞再问清缘由，该满足就满足。这样，也同样可以呵护男孩的爱心。

4. 爱心这样养成

说到底，如何培养男孩爱心，才是父母们迫切关心的事。请看看专家给出的几点建议：

4.1 让爱始于被爱

当男孩很小的时候，父母要经常爱抚男孩，对男孩微笑，让男孩感受到父母对他的爱，这是男孩萌生爱心的起点。随着男孩一天天长大，父母要把自己看作男孩的伙伴，陪男孩游戏、聊天、学习，让男孩感受到家庭的温暖，感受到被爱的幸福，为男孩奉献爱心打下基础。

4.2 给男孩榜样示范

父母是孩子的镜子，孩子是父母的影子。孩子时时刻刻把父母作为自己的榜样，父母的一言一行都在潜移默化地影响着孩子，身教重于言教就是这个道理。

因此，父母平时就要注意自己的言行举止，做到孝敬老人、关心孩子、关爱他人、乐于助人等，让儿子觉得父母是富有爱心的人，自己也要做一个富有爱心的人。

4.3 教男孩学会理解

能设身处地地为他人着想、感受他人情感。父母可以让男孩想象自己处于困境时的感受，并以此来理解别人同样的心情，从而激发其爱心。

比如，某地发生了灾情，父母可以引导孩子："那里的小朋友没有饭吃，很饿，没有衣服穿，冻极了，你想想，如果你也在那里，会怎么样？我们去捐点衣服、食品送给他们吧！"相信父母这样对孩子说，绝大部分的孩子都会欣然表达爱心的。

4.4 为男孩提供奉献爱心的机会

许多父母只知道一味地疼爱男孩，却忽略了给男孩提供奉献爱心的机会。其实，施爱与接受爱是相互的。如果让男孩只知道索取，不知道给予，他们就会渐渐丧失施爱的能力，并且觉得父母的关心是理所当然的。这样，男孩自然不懂得体会父母的艰辛和同情别人的困难。

所谓"巧妇难为无米之炊"，只有为男孩提供表现爱的机会，才可能培养出他们的爱心。

4.5 呵护男孩的爱心

有时候父母由于工作忙或担忧男孩的学习，对男孩表现出来的爱心要么视而不见，要么训斥一番，把男孩的爱心扼杀在萌芽之中。

比如，有位孩子为刚下班的妈妈倒了一杯茶，妈妈却着急地说："去去去，快去写作业，谁用你倒茶。"再如，有位小孩蹲在地上帮一只受伤的小鸡包扎，小孩的妈妈生气地说："谁让你摸它了，小鸡多脏呀！"就这样，孩子的爱心被粗暴地伤害了。

在很多情况下，父母并不知道自己的行为会在不经意间伤害或剥夺男孩的爱心。卢勤老师说："孩子的爱心是稚嫩的，你在乎它，它就会长大；你忽视它，它就会枯萎；你打击它，它就会死去。"

所以说，如果想拥有一个富有爱心的男子汉，父母们就要注意在生活中好好呵护男孩的爱心，并用心浇灌它，让它茁壮成长。

4.6 让男孩拥有一颗感恩的心

一个人只有懂得感恩，才是一个完整的人，有思想的人，有抱负的人，有爱心的人。

生活中，我们时常会看到这样一幕幕与感恩不相符的画面：妈妈在给孩子好吃的东西前，试吃了一口，孩子就大哭着叫起来：

"谁让你吃的？你给我吐出来！"下雨天，年老的奶奶蹲在地上给孩子换鞋子，而孩子却心安理得，没有一声"谢谢"。

感恩之心，对孩子来说尤为重要。父母辛苦养育孩子，如果孩子不懂感恩，那会对父母的情感造成巨大的伤害。而且，不懂感恩的人，社会是不会接纳的。为自己，为他人，父母应该如何让孩子拥有一颗感恩的心呢？

首先，父母要有一颗感恩之心。

感恩之心是一切道德的起源。孩子幼小，这种感恩之心不是用说教可以教导、培养起来的，作为父母自己首先要有一颗感恩之心，在爱的氛围中感动孩子，在爱的陶冶下感化孩子，在爱的弥漫下感染孩子，使他们能够在这种有情有爱的教育中感恩父母、感恩老师、感恩他人。

有这样一段广告：一个妈妈端着盆说："妈，来我帮你洗脚"。当妈妈帮老人洗完脚转过身时，儿子也端着盆过来，并且也说："妈妈，来我帮你洗脚"。然后妈妈欣慰的笑了。

这是多么温馨的一幕啊！这就是榜样的作用。你看那么小的孩子看到妈妈给外婆洗脚，他也模仿妈妈给自己的妈妈洗脚。所以父母给孩子的影响是至关重要的。

其次，把感恩教育渗透于生活中：培养孩子识恩、知恩之心。

家庭是孩子的主要活动场所，孩子经历着、感受着家庭的一日生活所带给他们的一切体验。如果父母能很好地利用这一契机，使孩子在潜移默化中学会识恩、知恩，培养他们的识恩、知恩的能力和心向，必将取得很好的效果。

　　在一次户外活动时，奶奶不小心磕破了膝盖，这时，妈妈马上过去，扶着奶奶，一边检查着伤口一边说："疼不疼啊，我带您去看医生。"并扶着奶奶到了医务室，处理了伤口。又是一次户外活动时，妈妈不小心崴了脚，疼得直咧嘴，这时，孩子马上跑过来了，扶着妈妈起来，用小手揉着妈妈的脚，说："妈，你没事吧""妈，你忍着点，过一会就不疼了。"

　　第三，应注意感恩教育的方式方法，一定要让孩子首先明确感恩的真正内涵，让孩子懂得"何为恩"、"何为健康的知恩报恩"；让孩子的感恩成为他们自觉自愿的健康行为，而非一种异化的感恩；让孩子在家长的感恩教育中，体会爱、懂得爱、分享爱、施于爱，享受一个健康、快乐的家庭生活。

　　第四，要教给孩子助人为乐的技能和简单的安慰语。有时当孩子看到别人遇到困难时，自然而然就会有同情的心，但不知道该怎么去帮助别人、安慰别人，因此培养孩子拥有一颗感恩的心，成人的经验和技能也是很重要的细节。例如，当有人摔倒时，马上过去扶起他，给他揉揉，并且问问他疼不疼等等，除此之外，还要教孩子说一些安慰的语句，如"没事的，一会儿就好了"，"别哭了，好孩子要坚强"，"我帮你拿小椅子"，"没事了，你以后走路要小心一点"等等。

　　总之，感恩要从父母自己做起，要让孩子拥有一颗感恩的心，首先父母要做好榜样，在生活中怀着感恩的心对待人和事。

第二节　独立——自主之路

引语

自主性，是指人在活动当中的独立性和主动性，它表现为个体自由地、独立地支配自己言行的一种状态。男孩的自主性，最主要体现为有能力为自己的行为进行自由的选择。

1. 自主始于自立

纵观古代豪杰之士，大多身受贫穷、孤独等百般折磨，亲人又往往没有能力帮助他们，这些人从小就必须自立了。

汉高祖刘邦亭长出身，家人皆恶其无能而不与其交，他靠自己独自拼搏而称王天下；成吉思汗父母被杀，他只身流落在外而建立了一番帝业；朱元璋自幼无亲，浪迹天涯而后为明太祖。多位建立天下霸业之人皆以亲身事迹喻人：自立方能自强。

在发达国家的家庭里，父母普遍都重视从小培养男孩的自理能力和自强精神。之所以如此，是因为发达的市场经济要求社会成员必须具备这种能力和精神。

1.1 美国父母这样做

在美国，家庭教育是以培养孩子富有开拓精神、能够成为一个自食其力的人为出发点的。

父母从孩子小时候开始就让他们认识劳动的价值，让孩子自己动手修理、装配摩托车，或到外边参加劳动。美国的中学生有句口号："要花钱自己挣！"农民家庭要孩子分担家里的割草、粉刷房屋、简单木工修理等活计，甚至外出当杂工出卖体力，如夏天替人推割草机，冬天帮人铲雪，秋天帮人扫落叶等。即使是富家子弟，也要通过自己的能力谋生。

1.2 瑞士父母这样做

在瑞士，父母为了不让孩子成为无能之辈，从小就着力培养男孩自食其力的精神。譬如，十六七岁的孩子，从初中一毕业就去工厂当一年左右的工人，上午劳动，下午上学。这样做，一方面可以

锻炼劳动能力，寻求独立谋生之道；另一方面还有利于学习语言。因为瑞士有讲德语的地区，也有讲法语的地区，所以一个语言地区的孩子通常到另外一个语言地区的工厂当工人。其中也有相当多的人还要到英国学习英语，办法同样是边当工人边学习语言。掌握了三门语言后，就去办事处、银行或商店就职。长期依靠父母过寄生生活的人，被认为是没有出息或可耻的。

1.3 德国父母这样做

在德国，从小就培养孩子自己的事情自己做，父母从不包办代替。法律还规定，孩子到14岁就要在家里承担一些义务，比如要替全家人擦皮鞋。这样做，不仅是为了培养孩子的劳动能力，也有利于培养孩子的社会义务感。

1.4 日本父母这样做

在日本，在孩子很小的时候，父母就给他们灌输一种思想——不给别人添麻烦，并在日常生活中培养孩子的自理能力和自强精神。全家人外出旅行时，无论大小孩子，都无一例外地背上一个小背包。父母解释说："这是他们自己的东西，应该自己来背。"上学以后，许多学生都要在课余时间，在外边参加劳动挣钱。大学生中勤工俭学的现象更是普遍，就连有钱人家的子弟也不例外。他们靠在饭店端盘子、洗碗，在商店售货，照顾老人，做家庭教师等挣自己的学费和生活费。

反观我们中国的家庭教育，父母们并不主动培养男孩学习以外的其他能力。大多数父母认为，一切和提高学习成绩无关的活动都是瞎耽误工夫。渐渐地，男孩的自主意识越来越淡，自立能力也越来越弱，与父母对男孩培养的初衷南辕北辙，发人深省。

2. 父母请放手

犹太思想家朱特比有一句被犹太父母珍藏在爱子教科书中的名言："让孩子自己的事自己解决，如果父母过分呵护孩子，反而使孩子失去自信心。这样的孩子长大以后绝对没有独立的人格，更不可能有出色的成就。"犹太名人马克思也曾说："人要学会走路，也要学会摔跤，而且只有经过摔跤，他才能学会走路。"这指的就是父母对男孩自立能力的培养。

关于培养男孩的自立能力，我们可以学学狐狸独立法则：

小狐狸们在很小的时候，就要开始学习如何捕食，当他们长大成熟后，老狐狸就不再允许他们留在身边，迫使他们去独立生活，去开拓新的生存领域。即便那些不能或不愿独立生活的小狐狸跑回来哀求留下时，老狐狸们也会毫不留情地又把他们赶走。

表面上看来，老狐狸对儿女太"狠心"了。可正是老狐狸的"狠心"，才使小狐狸们得以独立生存，从小懂得如何保护自己。

3. 国外经验

美国父母教育男孩也像老狐狸一样，放手让男孩自己处理事情：

叔叔送给小汤姆一辆可爱的小自行车，他非常喜欢，不许别人碰。邻居小姑娘艾米是汤姆的好朋友，央求他好几次，要骑他的小车，汤姆都没答应。

　　一次，艾米趁汤姆跟别的小朋友玩时，偷偷骑上他的小车扬长而去。汤姆发现后，气愤地跑去向妈妈告状。汤姆的妈妈正和其他几个孩子的母亲一起聊天，便微笑着说："你们的事情自己解决，妈妈可管不了。"汤姆只好无奈地走了。

　　过了一会儿，艾米骑着小车回来了。汤姆一看到艾米，就一把将她推倒在地，抢回小车，艾米坐在地上大哭。这时，汤姆的妈妈跑来抱起艾米，安抚了她，直到她又和其他小朋友兴高采烈地玩起来。

　　而汤姆自己骑着小车，看着其他孩子玩得那么高兴，便觉得有点无聊。他想加入小朋友们的行列，又觉得有些不好意思，便蹭到妈妈身边，小声说："妈妈，我想跟艾米他们一起玩。"汤姆的妈妈不动声色，说："好，那你去找他们吧！""可是，我要你陪我一起去。"汤姆恳求道。"那可不行，刚才是你把艾米弄哭的，现在你又想和大家玩，就得自己去解决问题。"

　　汤姆骑着小车慢慢靠近艾米，快到她身边时，又掉头回来。来回好几次，不知道从什么时候开始，汤姆和艾米又笑逐颜开，闹成了一团。

　　故事中的小汤姆从与玩伴不和到闹成一片，这一过程实现了他自己处理事情和交际能力的大跨步，这正是妈妈对他"放手"的收获。但这种事要是发生在中国家庭，常见的解决方案便是父母批评男孩欺负别人，且对男孩的不受欢迎幸灾乐祸，或者帮男孩讨好其他小朋友。这样，就剥夺了男孩锻炼自立能力的机会和减弱了男孩与人交往的信心。

　　所以，要培养坚强勇敢的男子汉，父母要懂得"放手"，让男孩自己处理一些力所能及的事。在处理事情的过程中，男孩的解决问题能力得到提高，自然就会增强自立性。同时，妥善处理事情所带来的成就感，又会使男孩的自信心得到提升。而自信自立的男孩，何曾不是父母的培养初衷？

4. 自主就是这样养

幼小的男孩自然喜欢躲在父母的羽翼之下，得到温暖的呵护。可是，要培养男孩的自立自主能力，父母们不得不适时地"狠心"，让男孩在自己解决问题的过程中得到成长。

关于男孩自主性的培养，专家给出以下建议：

4.1 鼓励男孩生活自理

男孩2岁左右就开始有独立意识，动手能力也大大提高，有自己做事的愿望。此时，父母就要开始放手，培养男孩的自理能力。吃饭时鼓励他自己进食，一些简单的衣物让他自己穿。无论他完成得是否出色，父母要大加赞赏："宝宝，你真棒，做得越来越好。"

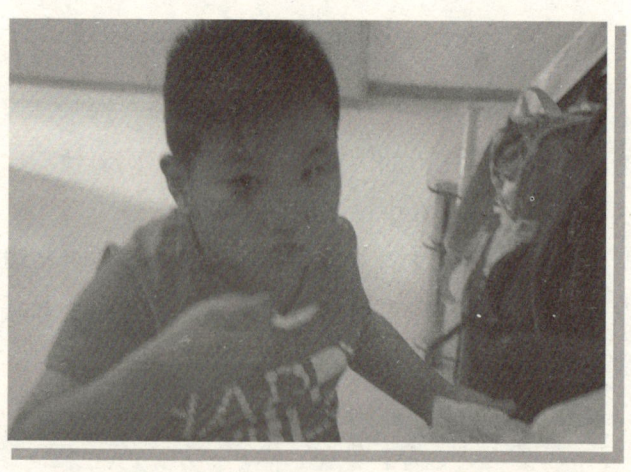

扬扬2岁，妈妈对他说："今天，你自己来穿衣服吧，穿好了，妈妈带你去公园玩。"扬扬马上答应了，他不费劲就穿好了衣服。中午到了，妈妈和他去餐馆吃饭。妈妈又鼓励他说："你自己吃吧，妈妈等你，你别着急。"服务员拿来一把小勺子，他就开始自己吃了。

妈妈让2岁左右的男孩开始自理，并非不疼爱男孩，而正是爱他的表现。男孩自己动手，成功之后，成就感会更强烈。如果男孩习惯了被"服侍"，再想让他自己动手，就十分困难了。男孩经常能从自理中获得成就感，慢慢就会爱上自我服务。

4.2 让男孩独立解决问题

男孩在生活中、学习中遇到了难题，做父母的别马上帮他摆平，而要鼓励他自己独立解决。学习上，父母别陪学，别帮他检查作业，要让他自己来。生活中，男孩有困难了，父母只给予引导，不要亲自动手包办。

程程不小心把皮球扔到窗外去了，他焦急地看着妈妈。妈妈说："儿子，你自己下楼捡上来吧，妈妈在窗口帮你看着球，别让人捡走了。"程程刚3岁，他就自己打开门，下楼梯，穿过楼下的草坪，把球抱了回来。程程上楼时乐滋滋的，他体味到了成就感。

男孩遇到了问题，习惯于依赖父母，小到一道数学难题，大到打架伤人。父母面对男孩的种种问题，要鼓励他独立解决，父母只给建议，不亲自插手。当男孩学会依靠自己，就能勇敢面对更多生

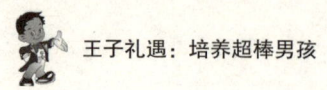

活和学习中的难题了。

4.3 鼓励男孩勇于尝试

父母过度包办，男孩就会害怕失败，凡事轻易不敢尝试，总是害怕失败。父母要鼓励男孩对任何兴趣进行尝试，在失败中成长，在尝试中突破自我。每一次新的尝试，都是一次新的自我实现，是男孩独立性的体现。

宇宇是个娇生惯养的孩子，他过着"饭来张口，衣来伸手"的生活。同学们都在玩滑板，宇宇很羡慕，却没有胆量滑。妈妈鼓励他：多摔几次就会了，别怕摔跤，越摔胆子越大。宇宇只好硬着头皮去练习，几天后，他就学会了滑板。

男孩有了新想法，想去尝试又害怕失败时，父母要给予鼓励。如今众多的男孩都处于过度保护的状态中，变得不敢去尝试了。父母想要弥补曾经包办的过错，就要鼓励男孩勇于尝试，改变害怕失败的心理。

4.4 营造不溺爱的家庭氛围

溺爱是大家的溺爱，只有妈妈爱或爸爸爱，都不能成全男孩的溺爱。一般是一大家子人都在赞成包办，男孩也就被顺理成章地包办了。溺爱的家庭氛围，导致男孩成为家里的"小皇帝"。父母不能鼓励大家宠着"男孩"，事事"顺"着男孩，要营造一种不溺爱的家庭氛围。

父母要举出鲜明的旗帜——"男孩的事情自己办"，并与每位家庭成员达成统一意见，大家共同配合，才能让男孩早日学会独立，不依赖于他人。

4.5 尊重男孩的意愿

　　父母通常喜欢将一些学习任务、生活习惯强加给男孩，让他按父母的意愿来行事。如果他违背了，父母就会施加更多压力。男孩在这种状况下，会慢慢习惯于父母的包办，不再做任何的反抗。男孩太"老实"了，男孩没"活力"了，与父母的强制包办关系密切。

　　父母要学会尊重男孩的意愿，别乱给男孩报培训班、请家教，让男孩完全按父母设定的人生轨迹行事。如果男孩失去了自主性，失去了个人意愿，就只能生成一种依附型人格，凡事都想依靠别人，不愿发挥主动性，这会为他将来的事业、家庭带来问题。

第三节　坚毅——坚实力量

引语

　　西方有这样一句谚语："有坚强的意志，才有伟大的生活。"坚强不在于体力，而在于坚忍不拔的毅力。只有足够坚毅的人，才能乘风破浪、披荆斩棘，成就一番伟大事业。而坚毅，正是男子汉的标志。

1. 坚强的力量

下面列举一个坚韧造就的传奇故事：

　　有这么一个人。在他19岁那年的一次滑雪中，他与朋友做游戏，要从朋友张开的双腿间滑过去，结果却撞在了朋友的身体上，折断了脖子，导致颈以下全身瘫痪。自此以后，这个高大英俊的青年变成了一个只能摇头的残疾者，终生依靠轮椅生活。

　　再说第二个人，他会驾驶汽车，会开轮船，并且还成了飞行员。能自由驾驶飞机在空中翱翔。当他33岁的时候，竞选温哥华市议员，成功了。在连续做了12年市议员后，他又被温哥华市民推上了市长的宝座。

还有第三个人，他是工商管理硕士，是多个非营利助残团体的创建人，是多种助残设备的发明人，还是加拿大勋章获得者，他热心社会公益事业，走到哪里都能受到众人的欢迎。

以上这三个人怎么样？单说某一个人也没什么，可是如果说这三个人其实就是一个人，那就很富传奇色彩了。事实上，他们原本就是同一个人——加拿大的萨姆·苏利文，一个不折不扣的奇人。

苏利文是如何由一个重症残疾人变成一个奇人的呢？

在折断脖子后的几年里，待在家里的苏利文陷入了选择生还是死的挣扎中。他把受伤前打工赚的钱都取了出来，买了辆专门为残疾人设计的汽车。为了不让父母太伤心，他设计了开车坠崖这种自杀方式，所幸的是，他的几次"坠崖练车"都没有成功。此后，要强的苏利文不忍再拖累两位老人，便坚持离开了家，搬到了一个半公益半营利性的公寓。

一天晚上，苏利文又一次独自在房间中品味绝望的痛苦。他盯着空白的四壁，感觉自己的生命就像它们一样空虚。他坐着轮椅来到户外，看到远处的城区正掩映在落日的余晖中。他想那里有沸腾的生命活力，人们正在摇动着生活风帆向前航行。此刻，苏利文忽然想到自己的大脑很好用，也能够独立吃饭穿衣，甚至还能微笑。苏利文决心要成为他们中的一员，"我也要做一个完整的人，我要工作。"苏利文此时对自己说道，"受伤前我有十亿个机会，而现在我还有五亿个。"从那一刻起，一个新的萨姆·苏利文诞生了。

从那以后，苏利文广泛涉猎知识，勇于挑战生活。他不但学会了驾驶飞机，而且还教会了另外20位残疾人飞行。由于温哥华的华人超过三分之一，在加拿大土生土长的苏利文还学会了中国广东话，这在他以后的竞选中收效奇特。苏利文一讲广东话，就会得到华人的掌声和鼓励。市长选举中，华人几乎把选票都投给了苏利文。

苏利文由绝望到"新生"的历程，充分展现了不屈不挠地与生活抗争的坚毅精神。他还说过：一个人能走多远取决于他面对挑战时的表现，这与他是否坐轮椅无关。

2. 男孩太"倔"，谁之过

当今社会，大多家庭生活优越，家里的"小皇帝"们往往令父母们既爱又恨。其中，吃饭"讨价还价"现象数见不鲜，更是大多家庭的日常"战争"。

那么，男孩的这种"倔强"，究竟是谁造成的呢？不妨看看这个小故事：

吃午餐的时候，桑桑好像对妈妈做的香喷喷的饭菜一点儿也不感兴趣，仍专心致志地画他的画。

"你们不是答应带我去吃肯德基吗？你们说话不算数！"

"快来吃午饭，下午带你去。"

"你烧的饭有什么好吃，我要吃肯德基。"

"你这孩子越来越不讨人喜欢，以前哪有孩子像你这样的！"

"嘿，老是以前以前，现在是现在，人家都吃麦当劳、肯德基。"

"把你送到阿富汗，就知道妈妈烧的饭有多好吃。那里的孩子什么都没得吃，许多孩子都饿死了。"

"你愿意去你去，我才不干！"

"你还顶嘴，真是不像话！中饭不吃，就别想吃肯德基。"

"谁稀罕！"

"平时给你吃得太好了，今天不好好饿饿你，你就不知道老妈烧的饭香！"

很显然，案例中桑桑为吃饭吃什么之事与母亲"杠上"了。他坚持吃肯德基，认为父母答应过就要实现诺言，而桑桑母亲希望儿子多吃家里的饭菜，家庭"战争"就这样开幕了。很多时候，父母为了哄男孩做一件事，便随意答应男孩的"不合理"要求，等男孩要求实现的时候又"出尔反尔"。这样不仅为自己加大了纠正男孩坏习惯的难度，同时引起男孩的反感。

实际上，这个例子也是挫折教育的败笔。桑桑的任性都是在大人们的"呵护"中形成的，一旦父母想对他进行"挫折"教育时，男孩就有足够的理由和信心取胜——因为从来不输。所以说，要想让男孩具备坚毅的精神气质，父母一开始就要坚持原则，不能让男孩留下"把柄"，从而导致挫折教育的失败。

3．男孩遇挫怎么办

不同男孩性情各异，遇到挫折时，表现也各不相同。如下，就是专家针对不同类型男孩的表现而进行的分析和提议。

3.1 情绪激动型

如果孩子面对失望的反应是放声痛哭，或是倒地耍赖，情绪反应非常强烈，那么父母首先要让他知道什么是可以改变的，什么是不能改变的；其次让他知道任何无理取闹都无法带来他想要的东西。但要注意的是，此时父母切不可由于孩子的坏情绪而影响了自己，转而再对孩子施压。

父母可以告诉孩子，你很了解他的失落感，并安慰他"你感到失落没有关系，这种情况下我也会失落的"，让男孩了解失望是很正常的，然后和他一起讨论解决问题的有效办法。或是让男孩参与各种不同的活动，直到他找到自己喜欢的为止。一般而言，如果男孩能够从他擅长的事情中寻找到乐趣，那么他就知道了自己有能力掌控某些事情。这种训练通常可以使男孩的思考模式很快从失望转变为"做其他事情一样也很快乐"上来。

3.2 独自生气型

这类孩子面对失望，通常不会大哭大叫，而是在一旁酝酿生气的情绪。此时，父母要帮助孩子自己从坏情绪中解脱出来。比如，及时转移孩子的注意："我们换件事情做做，你有什么好主意？"这样做能使孩子相信自己可以找到解决问题的方法，有能力把糟糕情况变好。

给男孩一个选择的机会，譬如"我们现在不能去公园玩球了，那就在家玩你最想玩的玩具，好吗？"或者可以问"你愿不愿意下周日再去呢？"也可以在准备晚餐时，让男孩搭把手，虽然这样做会让你更加忙乱，但是却有助于调节男孩的情绪，用积极的态度，从悲观的情绪中恢复过来。

3.3 转而忘记型

虽然这类孩子不会把令人失望的事情看得很重，当他知道自己不能去公园时，会立即要求换个其他项目玩玩。但是作为父母仍然需要帮助孩子掌握更多的抗挫折方法。

为男孩创造一个人际交往的圈子，让男孩在失落时可以求助他们。这个圈子里不光有父母，还有家里的其他亲人以及男孩的小朋友等。研究表明，能够从失落情绪中快速恢复过来的男孩通常有能力让其他人帮助自己。此外，可以问一些暗示性的问题，启发男孩学会应对所面临的失望。

总的来说，父母需要巧妙处理男孩的情绪，让他们从激动、失望到平静、奋起的过程中提升抗挫力。

4. 让男孩吃道"抗挫"菜

有人说，教育就是运用正确的方法，有意识地利用或者创设一些情境，让男孩能够在成长的过程中有一些对于挫折的体验，培养男孩的坚强意志，提高他们对环境的适应能力和对挫折的承受能力。

然而，教育中有一种"矫枉过正"的现象。以前男孩成长在缺乏鼓励的环境里，从而缺乏应有的自信。当大家意识到了赞赏对于男孩的重要性后，又整天把男孩泡到"我能行"、"我最棒"的蜜罐里，让不谙世事的男孩认为自己无所不能，变得狂妄自大。

显然，弃之不顾与盲目鼓励都是教育中的误区。只有适当的挫折教育，才可以培育出谦虚而坚毅的男孩。挫折教育就像妈妈烧的一道菜肴，主料、配菜和作料都选择恰当、分量适宜的话，就能让男孩快乐健康。

4.1 从自理中建立自信心

在日常生活中，有意识地培养男孩学会自己照顾自己，自己的事自己做，比如，自己穿衣、刷牙、洗脸、吃饭、收拾玩具、整理自己的小房间等等力所能及之事。

当男孩做完这些事情，父母不妨及时表扬一句："宝贝真棒！"父母的这句赞扬，不仅增加男孩做事的成就感，而且会让他更有信心去做更多的其他事情。就这样，男孩从零碎事情中提高了自理能力的同时，又建立了自信心。

4.2 创造勇对困难的机会

一提到要磨练男孩的意志，有的父母就认为要带男孩搏击大海、勇攀高峰。有条件当然可以这么做，其实足不出户同样可以训练男孩的吃苦精神。

比如说，幼儿刚学走路时，父母可以引导男孩跨步，并向前挪动，即使男孩摔倒了，父母把他扶起来让他继续走，通过反复训练，男孩很快就能自己行走。这样的男孩长大后，意志比较坚强。如果男孩看到大人一紧张，就不敢再迈步了，这样的男孩长大后就可能意志薄弱，遇到困难就会一筹莫展。

4.3 与胆怯说"再见"

很多男孩从小胆子小，羞于见生人。这种情况，父母要有意识地领男孩到公共场所与其他男孩一起游玩。当然，一开始男孩可能不愿与别家男孩交流或玩耍，这时父母不能批评他的"胆小"或"没用"，而应该鼓励男孩大胆去交朋友。一般来说，父母带男孩到有男孩的邻居或朋友家玩，大人与大人间如果交谈亲密，男孩也会自然而然地玩在一起。

当男孩不懂玩伴的游戏规则而发生交往困难时，父母也千万别呵斥男孩"不会玩就别玩"，而要鼓励男孩自己处理。其实，这就是一种挫折情景。如果父母此时为了自己的面子而呵斥男孩，那么很可能对男孩留下社交恐惧，给男孩的社交能力造成严重影响。

4.4 应对挫折训练

每个年龄段的男孩都有不同的艰难和挫折，他所面临的逆境在成人眼前也许根本不值一提，但对于男孩却是莫大的打击，父母要站在男孩的立场看待这件事。比如，男孩养了许久的宠物忽然丧失或去世，这对男孩打击很大，父母切忌嘲笑或不屑一顾，而要跟他一起悲伤且告诉他生命的自然规律。这样，不仅能帮助男孩尽早走出悲伤，而且让他受了一次生命的教育。

总之，生活在今天的男孩一般条件都比较优越。过分优越的环境不仅没有把男孩培养成男子汉，反而使男孩养尊处优，自理能力、适应能力和生存能力都很差，很难面对和克服挫折困难。父母应从幼儿开始就对男孩进行挫折教育，只有这样，才能让生活在优越环境下的男孩健康成长。

第四节　孝顺——百善之首

引语

　　孝顺，指尊重长者、孝敬父母，是中华民族的传统美德。孝敬父母，不仅体现为子女对父母的关心，更是一个关心他人的大问题。在家里能养成孝敬父母的好习惯，到社会中才有可能做到关心同事，也才有可能做到对祖国忠诚。

1. 百善孝为先

　　"百善孝为先"，是我们中华民族的古训，反映中华民族极为重视孝的观念。孝的一般表现为孝顺、孝敬等。孝顺指为了回报父母的养育，而对父母权威的肯定，从而遵从父母的指点和命令，按照父母的意愿行事。

【二十四孝】

孝感动天、戏彩娱亲、鹿乳奉亲、百里负米、啮指痛心、芦衣顺母、亲尝汤药、拾葚异器、埋儿奉母、卖身葬父、刻木事亲、涌泉跃鲤、怀橘遗亲、扇枕温衾、行佣供母、闻雷泣墓、哭竹生笋、卧冰求鲤、扼虎救父、恣蚊饱血、尝粪忧心、乳姑不怠、涤亲溺器、弃官寻母。

孝心，是一个人善心、爱心和良心的综合表现。"孝"是我们中华民族的传统美德。几千年来，它始终是衡量一个人品质高低的重要标准之一。

2. 孝顺是一种感恩

游子吟

孟郊（唐）

慈母手中线，游子身上衣。

临行密密缝，意恐迟迟归。

谁言寸草心，报得三春晖。

这首家喻户晓的古诗，流传千古，可以说是对我们中国古今人的孝心期待。那句"谁言寸草心，报得三春晖。"表面上是指草对阳光的感恩，实际上是我们人对父母的反哺行孝的最好心愿。同时说明，我们怎么做都是还不尽父母亲恩，因为父母对我们的爱是无止境的。而行孝又是一代代相传的事，用因果关系来说，一还一报——你对父母的感恩，子女也会对你感恩。也只有这样，代代繁衍才有意义。

韩信少年时家中贫寒，父母双亡。他虽然用功读书、拼命习武，却仍然无以为生，迫不得已，他只好到别人家吃"白食"，为此常遭别人冷眼。韩信咽不下这口气，就来到淮水边垂钓，用鱼换饭吃，经常饥一顿饱一顿。淮水边上有个为人家漂洗纱絮的老妇人，人称"漂母"，见韩信可怜，就把自己的饭菜分给他吃。天天如此，从未间断。韩信深受感动。韩信被封为淮阴侯后始终没忘漂母的一饭之恩，派人四处寻找，最后以千金相赠。

韩信对漂母的回报，既是一种感恩，也是在行孝。所以说，孝顺也是一种感恩。

然而，现在的男孩很多是家里的独生子，被父母、爷爷、奶奶、外公、外婆等长辈如众星捧月般抬着、哄着，极易养成以自我为中心的自私性格。他们专横跋扈、小肚鸡肠、傲慢无礼、目中无人、责任缺失，等等。这些男孩更不懂得关心父母，不懂得孝敬长辈，不懂得尊重他人。这样的一代人，将来如何能担当起建设祖国的重任，实现国家的发展、民族的富强？

所以，男孩的孝心教育要从娃娃抓起，孝心教育要从家庭抓起。

3．身教言传

身教言传，是指父母本人要给儿子做孝敬长辈的楷模。实际上，男孩对待父母的态度，直接受父母对待长辈态度的影响。

因此，父母要时刻不忘照顾年迈的双亲。如果平时因居住地较远，工作较忙，不能和老人朝夕相处，那么在休假日要尽量抽时间带上儿子去看望老人，帮老人做些家务，与老人共聚同乐。如此，天长日久，男孩耳濡目染，也会逐步养成尊敬长辈、孝敬父母的好习惯。

从前有一对中年夫妇对年迈的父母很不孝顺，他们把老人撵到一间破旧的小屋里居住，每顿饭用小木碗送一些不好吃的东西给老人。

一天，他们看到自己的儿子在雕刻一块木头，就问儿子在刻什么，孩子说："刻木碗，等你们年纪大时好用。"

这对中年夫妇猛然醒悟，赶紧把父母请回正屋同自己一起居住，并扔掉了那个小木碗，拿出家里最好吃的东西给老人吃。

这个孩子因此也转变了对他们的态度，从此一家三代和睦生活。可见，父母的榜样对孩子的影响有多大。

这个故事，充分说明了父母的言行举止对男孩的潜移默化。父母真心对待老人，孩子看在眼里，也会模仿父母的行为，从而懂得孝敬自己的父母。否则，恶行生恶行，不孝顺者也必然得不到孩子的关心尊敬。

4. 孝心需培养

可是，如今的孩子多养尊处优，怎样才能培养他们尊敬长辈、孝顺父母的好习惯呢？

4.1 让男孩理解父母的艰辛

如今，不少男孩聚在一起，往往吹嘘自己的父母地位怎么显赫，怎么日进斗金，却不愿讲其父母的钱是如何来之不易。由于不了解，所以不理解，也就谈不上孝敬了。在这种情况下，建议父母有意识地把儿子带到自己的工作场所，让其亲身感受父母工作的艰辛，以致自然而然地心生敬意。如有可能，还可以让男孩适当地参与父母的劳动，加深体会。

有一位小男孩，对下岗的父亲修车之事嗤之以鼻。有一次，父亲要求他陪自己在街头替人修自行车，还在父亲手把手的指导下拧了几下扳手。他回家后默不作声，脸上写满了愧疚。

从此，每当父亲回家，他必定端一盆温水，绞干毛巾塞到父亲手里。那份真诚的孝心，出自对父亲艰辛的感激和敬重，绝非来自所谓父母的不凡。

4.2 让男孩从小事做起

《三字经》里，有这么一句话："能温席、小黄香、爱父母、意深长"。它指的是汉朝孩子黄香的孝顺故事。黄香9岁丧母后，非常孝敬父亲。每当夏夜临睡前，小黄香就坐在父亲的床上把蚊子赶走，把蚊帐挂好，再用扇子把席子扇凉；而每当冬夜，他就先睡进父亲的被窝，用自己的体温焐热，再请父亲睡下。不仅如此，

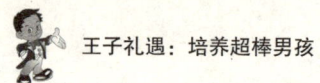

小黄香在学业上也十分出色，当时就有"天下无双、江夏黄香"之说。

小黄香就是在细节上表达孝心的，而懂得孝顺的他也理解父母对他的期望，所以用功学习，品质学业俱优。其实，在日常生活中，细小的关心最能表达孝心。

因此，对男孩孝心的培养也应从细微处入手，如为父母倒上一杯水，给父母捶一次背，让疲惫的父母欣赏一段音乐，好吃的东西请父母先尝等。这些点滴小事既简单可行，又容易坚持，自然而然就使男孩养成孝敬父母的好习惯。

4.3 给男孩表达孝心的机会

男孩表达孝心需要实践，如果一直没有恰当的机会，就算有孝心也无从表现，久而久之，那颗孝心也被淹没了。作为父母要懂得"舍得教育"之意：父母不要因为担心男孩"疲劳""做不好""学习分心"而不给他们表达的机会。

曾有一位母亲卧病在床，14岁的儿子主动要求为母亲熬药、做饭，但这位母亲犹豫再三，最后不但支撑着下床熬药，还自己动手做饭端给儿子吃。"母亲即使生病了也用不着我的帮助！"孩子心中产生了这样的想法。从此，他对父母的劳累和难处变得置若罔闻。

其实，让男孩适当地参与家庭事务，不仅是给他表达孝心的机会，也是培养其家庭责任感的必要手段。只有给男孩机会体恤父母的艰辛、帮助劳累的父母，男孩才能懂得去体恤和帮助其他有需要的人，这样的男孩也才更受欢迎。

4.4 让男孩快乐行孝

助人为乐是绝大部分人都有的心理，单纯善良的男孩更是容易从帮助别人的过程中获得快乐。因此，千万不要让男孩觉得孝敬父母是一种强迫性的劳动，而要让男孩快乐行孝。

其实，孝心也只有在家庭融洽的氛围中，在相互理解的基础上，在爱心的驱使下，才能慢慢地养成，并逐渐成为一种自觉的行为。一旦男孩表达了孝心，父母应该及时表现出欣慰和满足，同时还要给予鼓励，让男孩觉得孝心的表达非常值得、非常快乐、非常幸福。在快乐中行孝，男孩自然是心甘情愿的了。

第五节　诚信——最好名片

引语

　　古人说，民无信，无以立。今人说，发展是硬道理，诚信是软环境。确实，诚信就像一个人的名片一样，是受到别人认可与否的凭证。

1. 精诚所至，金石为开

　　信，由诚始。人没有诚心，也不会去守信。所以，诚心是一个人最基本的精神品质。古时候，就有个故事，充分说明了诚心的作用：

　　西汉时期，有一个著名将领叫李广，他精于骑马射箭，作战非常勇敢，被称为"飞将军"。

　　有一次，他去冥山南麓打猎，忽然发现草丛中蹲伏着一只猛虎。李广急忙张弓搭箭，全神贯注，用尽气力，一箭射去。李广箭法很好，他以为老虎一定中箭身亡，于是走近前去，仔细一看，未料被射中的竟是一块形状很像老虎的大石头。不仅箭头深深射入石头当中，而且箭尾也几乎全部射入石头中去了。李广很惊讶，他不相信自己能有这么大的力气，于是想再试一试，就往后退了几步，张弓搭箭，用力向石头射去。可是，一连几箭都没有射进去，有的箭头破碎了，有的箭杆折断了，而大石头一点儿也没有受到损伤。

人们对这件事情感到很惊奇，疑惑不解，于是就去请教学者扬雄。扬雄回答说："如果诚心实意，即使像金石那样坚硬的东西也会被感动的。"

这就是"精诚所至，金石为开"的故事来源。可见，诚心实意如有神力，无坚不摧。所以，只有培养男孩一颗虔诚的心，他才能坚持"守信"。

2. 诚信，从小开始

所谓"3岁定终身"，男孩的品质塑造都要从小开始。这就要求父母，从小给男孩灌输诚信思想，并通过自身行动现身说法，让男孩从小建立起诚信的信念。

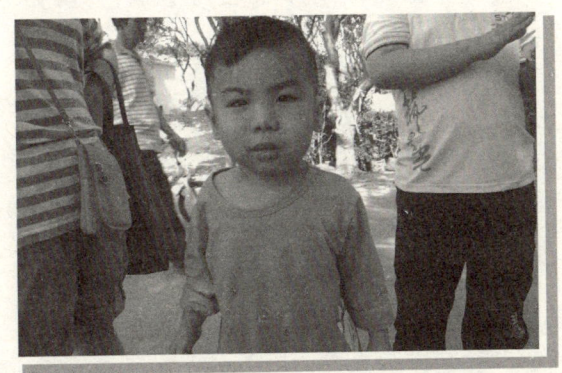

2.1 更珍贵的

美国第一任总统乔治·华盛顿说："我希望我将具有足够的坚

定性和美德，以此保持所有称号中我认为最值得羡慕的称号：一个诚实的人。"

他小时候是个又聪明又淘气的孩子。一天，爸爸送给他一把小斧头。那小斧头小巧锋利，小乔治很喜欢！他想，父亲的大斧头能砍倒大树，小斧头能不能砍倒小树呢？他要试一试。

他看到花园边上有一棵樱桃树，微风吹得它一摆一摆的，好像在向他招手，"来吧，小乔治，在我身上试试你的小斧头吧！"小乔治高兴地跑过去，举起小斧头向樱桃树砍去，一下，两下……樱桃树倒在地上了。他又用小斧头将小树的枝叶削去，把小树棍往两腿间一夹，一手举着小斧头，一手扶着小树棍，在花园里玩起了骑马打仗的游戏。

过了一会儿，爸爸回来了，看到心爱的樱桃树倒在地上，很生气，大声嚷着："谁砍了我的樱桃树？这个品种可是很难找到的。"

小乔治这才明白自己闯了祸，心想：今天准得挨爸爸揍啦！可他从来不爱说谎，就怯声对爸爸说："爸爸！是我砍倒你的樱桃树，我只是想试一下小斧头好不好用。"

生气的爸爸听了小乔治的话，不仅没有打他，还一下把他抱起来，高兴地说："我的好儿子，爸爸宁愿损失一千棵樱桃树，也不愿你说一句谎话，爸爸原谅诚实的孩子。"

就这样，小乔治因为诚实认错而免去责罚。实际上，这对他来说，还是一种嘉奖。可见，要培养男孩的诚信品质，父母也要赏罚分明，从小让男孩明白：诚信比任何东西都珍贵。相信这样，我们很多男孩，也可以成为"明日乔治"。

2.2 错而改之

扬扬是上海某小学的学生，五年级上学期期中考试跃为第三名，期末名列全班第一，下学期由于学习松懈，成绩有些下滑，期中考试仅名列班内第九。可能是由于虚荣心太强，或者怕爸爸、妈妈责怪，于是涂改了两科成绩，使总分列班内第三。这是他长大以来第一次欺骗父母。

期中考试刚过，他的父母在参加一次文化沙龙时，巧遇扬扬的班主任，和他谈起扬扬的学习，自然说到期中考试成绩。老师说："扬扬这次成绩不太理想，只考了第九名。"他爸爸说："听扬扬说，好像是第三名，从成绩上推算也应是第三名。"老师却肯定地说是第九名。

参加晚会回家，父母问扬扬这是怎么回事。扬扬觉得纸包不住火，便把实情告诉了父母。这件事对一个只有12岁的孩子来说，虽然算不上大错，但关系着孩子健全人格的塑造。由于当时心情激动，他爸爸很想狠狠打他一顿，但出于对孩子自尊心的保护，他没有那样做。而是语重心长对他说："不管考第几名，爸爸、妈妈都不会责怪你，关键是你不诚实，用假成绩哄骗父母，实际上也是自欺欺人，这样的孩子将来怎么能有所成就？"扬扬不仅对自己的过错十分痛悔，而且还写了反省日记。从那以后，他再没有欺骗过父母。

对于男孩的不诚实行为，父母要及时且理智地处理。扬扬爸爸没有因为时间已过而"饶"过扬扬的撒谎行为，反而及时弄清真相，同时没有因为生气而去打骂儿子，而是给他讲道理，使他自己认错改错。这就给了儿子改错的机会，同时加深了他对诚信的认识。如果他不及时处理或者冲动打骂儿子，最后效果如何也可想而知了。

总之，只有理智对待男孩的错误或不诚实行为，才能使男孩补回"诚信"之牢。

3. 诚信这样养成

关于诚信，伊索寓言中，有这样一则故事：

有一位穷小孩在河边砍柴，不小心把斧子掉到河里，被河水冲走了，便坐在河岸上失声痛哭。

河神知道了此事，很可怜他，走来问明原因后，便下到河里，捞起一把金斧头来，问是否是他的，他说不是；接着河神又捞起一把银斧子来问是不是他掉下去的，他仍说不是；河神第三次下去，捞起小孩自己的斧头来时，小孩说这才是自己所失掉的那一把。

河神很赞赏这个小孩为人诚实，便把金斧、银斧都作为礼物送给他。小孩带着三把斧头回到家里，把事情经过详细地告诉了朋友们。

其中有一个人十分眼红，决定也去碰碰运气，跑到河边，故意把自己的斧子丢到急流中，然后坐在那儿痛哭起来。河神来到他的面前，问明了他痛哭的原因，便下河捞起一把金斧子来，问是不是他所丢失的。那人高兴地说："呀，正是！正是！"

然而，他那贪婪和不诚实的样子却遭到了河神的痛恨，不但没赏给他那把金斧子，就连他自己的那把斧子也没给他。

这则寓言就是告诉人们，诚实者"因祸得福"，不诚实者就会"弄巧成拙"。那么，现实中的父母要如何培养男孩的诚信品质呢？建议如下：

3.1 树立诚信的榜样

俗话说，"种瓜得瓜，种豆得豆"，父母要培养男孩的诚信品质，自己首先必须是诚信者。换句话说，父母要在日常生活中，给男孩树立诚信的榜样。

曾子是我国著名的思想家。有一次，他的妻子要出门，儿子要跟着一起去。她觉得孩子跟着很不方便，想让孩子留在家里，于是对儿子说："好儿子，你别哭，你在家里等着，妈妈回来杀猪给你炖肉吃。"儿子听说有肉吃，就答应留在家里。曾子把这一切看在眼里，记在心里。

当曾子的妻子回到家时，看到曾子正在磨刀，就问曾子磨刀做什么。曾子说："杀猪给儿子炖肉吃。"妻子说："那只是说说哄孩子高兴的，怎么能当真呢？"

曾子语重心长地对妻子说："你要知道，孩子是欺骗不得的。如果父母说话不算数，孩子长大后就不会讲信用。"于是，曾子与妻子一起把猪杀了，给儿子做了香喷喷的炖肉吃。

父母的这种诚信行为直接感染了儿子。

一天晚上，儿子刚睡下又突然起来，从枕头下拿起一把竹简向外跑。曾子问他去做什么，儿子回答："我从朋友那里借书简时说好要今天还的。虽然现在很晚了，但再晚也要还给他，我不能言而无信呀！"曾子看着儿子跑出门，会心地笑了。

曾子杀猪，也许看起来有点小题大做。但是，相对于男孩的诚信意识培养，杀猪实在是一件太小的事。可惜，现实中很多父母都会像曾子的妻子一样，心疼那头猪，而不惜破坏男孩的"诚信"信念。这样，就是"捡芝麻，丢西瓜"了。

3.2 日常诚信教育

诚信是人的立身之本，父母应该加强对儿子进行诚信品质的教育，从小就教育儿子守信用、负责任。

宋庆龄从小就被父母教育要做一个守信用的人。

有一次，父母要带全家去朋友家做客，其他孩子都穿戴整齐准备出发了，只有宋庆龄仍然坐在钢琴面前不停地弹琴。

母亲喊道："孩子们，我们快走吧！"

宋庆龄不由自主地站了起来，但很快又坐下去了。父亲问道："孩子，你怎么了？"

宋庆龄有些着急地说："今天我不能去伯伯家了。"

"为什么不能去，孩子？"妈妈问道。

"爸爸，妈妈，我昨天答应了小珍，她今天来我们家，我要教她叠花。"宋庆龄说。

"我还以为什么重要的事呢！下次再教她吧！"父亲说。

"不行，小珍来我家会扑空的。"宋庆龄叫了起来。

"要不，你回来后到小珍家去解释一下，向小珍道个歉，明天再教她也没关系。"妈妈出了个主意。

"不行，妈妈！您不是经常教育我要信守诺言吗？我答应了别人的事情，怎么可以随意改变呢？"宋庆龄坚定地摇着头。

"哦，我明白了，我们的庆龄是一个守信用的孩子，"妈妈会心地笑了，"那就让庆龄留下吧！"

于是，父母带着其他孩子去做客了。父母回家后，却见宋庆龄一个人在家里。"庆龄，你的朋友小珍呢？"父亲问道。

"小珍没有来，可能她临时有什么事吧。"小庆龄平静地回答。

妈妈心疼地问："小珍没有来啊？那我们的庆龄不是很寂寞吗？"

宋庆龄却回答："不，妈妈，虽然小珍没有来，但是我仍然很高兴，因为我信守了诺言。"

从故事中看出，宋庆龄父母的诚信教育是成功的。宋庆龄对于诚信的坚持，哪怕有父母的劝说还是没有妥协，可见她对"诚信"的信念已经根深蒂固。这也是父母平日教导的结果。

所以说，父母要有意识地在日常生活中对男孩进行诚信教育。比如，父母要教育男孩，答应别人的事，就要努力实现，如果最终没能办到，要及时向对方说明原因，并诚恳地道歉。父母还要教育男孩，在答应别人之前一定要慎重考虑，自己有没有能力做到，量力而行才好。

3.3 满足男孩的合理需要

男孩不诚信的行为大部分是出于某种需要，如果他合理的精神需要、物质需要没有得到满足，必然会寻求满足需要的办法，如果父母对这种合理需要过分抑制，他就会换种方式，以某种不诚信的行为来满足自己的需要。

铭铭为了得到一个漂亮的书包而对妈妈说："妈妈，你给我买个漂亮的书包吧，我们班上的同学每个人都有漂亮的书包，就只有我没有了！"

事实上，并不是每一个同学都有漂亮的书包，铭铭只是为了满足自己的虚荣心而这样说的。因此，父母应该认真分析男孩的需要，尽量满足其合理的部分。同时，也要严肃地指出他的不诚实行为，并讲讲信义在人际交往中的作用，让男孩懂得履行自己的诺言是多么重要。千万不要觉得男孩还小，或者觉得事情无关紧要就放纵他们，这样，男孩会不断强化不良的行为，从而形成不良的品格，进而影响他的人生。

3.4 诚心信任男孩

我们经常会看到这样的父母：他们要求男孩吃完饭在房间里学习半小时，结果却每隔五分钟进去看一下男孩是否在偷懒；他们要求男孩去买件东西，也总担心男孩把多余的钱买零食吃。父母的这种不信任行为，会让男孩很反感，也没有信心把事情做好。其实，信任是最大的鼓励，相信男孩的诚实，男孩也会坚持诚实。

苏联伟大的教育家马卡连柯非常注重对孩子的信任，认为信任可以培养孩子的诚信。

有一次，马卡连柯派一个曾经是小偷的学生去几十里外取一笔数额不小的钱。这位学生由于曾经是小偷，在同学的眼中被视为另类，几乎没人与他来往，他非常渴望得到信任。

接到马卡连柯的任务后，这位学生简直不敢相信这是真的，他问马卡连柯："校长，如果我取了钱不回来了，你会怎么办呀？"

马卡连柯平静地回答："这怎么可能？我相信你是一个诚实的孩子。快去吧！"

当这位学生把钱交给马卡连柯的时候，他要求马卡连柯再数一遍。谁知，马卡连柯却说："你数过了就行。"于是，随手把钱扔进了抽屉。

事后，这位学生是这样描述自己的心情的："当我带着钱在路上时，一路上我在想，要是有人来袭击我，哪怕有十个人，或者更多，我都会像狗一样扑上去，用牙咬他们，撕他们，除非他们把我杀死！"

马卡连柯就是运用信任的方法，培养了这位学生诚信的行为，值得很多疑心病重的父母学习。

3.5 敢于承认错误

英国政治家福克斯素以言而有信著称。他所以能这样，是他父亲教育的结果。

福克斯的父亲是英国的富绅。福克斯很小的时候，花园里有座旧亭子，他父亲想将其拆除，并重新建一座新的亭子。小福克斯从寄宿学校回家度假，正巧赶上工人拆迁亭子，他很想亲眼看一看亭子是怎样拆除的，所以请求父亲允许他推迟一些日子返校。但是，父亲却要他准时到校上课，争论了很久，父亲终于答应将亭子的拆迁日推迟到第二年假期，这样，小福克斯就可以在假期赶上亭子的修建了。

　　小福克斯回学校后，父亲就让人把亭子拆了重建。谁知，小福克斯一直把这事放在心上，一放假回家，就向亭子走去。当看到新亭子已经建好时，他失望地对父亲说："你说话不算数！"父亲听了大为震惊，严肃地说："儿子，我错了！言而有信比财富更重要。"

　　父亲居然真的叫人把新亭子拆掉了，在原地重新再盖一座亭子，帮儿子实现观看这一过程的愿望。

　　在现实生活中，许多父母都有可能不自觉地对儿子讲了一些不诚实的话，或者讲过的话没有兑现。这时候，父母一定要放下架子，以平等的身份向儿子承认错误，这样反而会赢得儿子的信任。同时，也可以起到榜样的作用。

第六节 担当——责无旁贷

引语

> 托尔斯泰说："一个人若是没有热情，他将一事无成，而热情的基点正是责任心。有无责任心，将决定生活、家庭、工作、学习成功和失败。"可见，责任心对于一个人是不可或缺的。

1. 美国西点军校校训——责任当首

美国西点军校是美国第一所军校，在全世界负有盛名，也是无数孩子心中的"圣地"。他们都梦想自己能成为西点军校中的一员，实现自己的英雄梦。但是，他们即使努力考上了西点军校，还要面临着重重磨炼。其中，责任心培养就是第一关。

正因为西点军校100多年来始终坚守"责任"这一首要原则，才培养出众多有高尚道德情操和职业素养的企业家、政治家、军事家等高素质人才，为社会做出重大贡献。

可见，责任心是一个人最基本的品质。

父母们，不妨也在生活中建一所"西点军校"，培养小男子汉们对己对人的责任感。

刚上小学的聪聪，很喜欢表演节目。六一儿童节将至，学校举办文艺晚会，他也被选中参加话剧表演。

儿童节那天，眼看文艺晚会就要开始，聪聪却发现自己忘带演话剧要用的道具。原来，他前一天在家练习后，没有把道具装好，第二天又着急出门，就忘了带。他很着急，就赶紧给妈妈打电话，让妈妈开车把道具送来。但是，妈妈拒绝了他的要求，说："不行，我不能给你送，这是你自己疏忽造成的后果，必须自己负责任。"

结果，因为没有道具，加上聪聪的心情不好，使得表演效果不太理想。回家后，聪聪很沮丧，也生气妈妈拒绝帮他送道具，便板着脸不理人。妈妈理解他的心情，就抱着他说："聪聪，妈妈知道你心情不好，就给你讲个故事吧。"

聪聪一听妈妈讲故事，便忘了不满："好，妈妈快讲。"

"儿子，你知道我们住的这栋楼是谁建的吗？"妈妈问聪聪。

聪聪说："不知道，可是这跟故事有什么关系呢？"

妈妈耐心地告诉聪聪："我们这栋楼是外国一位著名的建筑师建造的，已经建成60年了。那位建筑师是个很负责任的人，他常给政府写信，让政府每隔一段时间就派人来检查这栋楼，看房子是否结实，是否还能继续住下去。直到去世之前，他还在担心我们的房子是否能住人。""儿子，你说他算不算个负责任的人？"妈妈又问。

"当然算，妈妈，他希望我们住在安全的房子里呢。"聪聪坚定地说。

妈妈说："聪聪真懂事，能理解这个道理。那你以后要不要也做个对自己负责任的人呢？"

聪聪想想，便轻声说："妈妈，我知道错了，以后一定要自己整理自己的东西，像那位伟大的建筑师一样，对自己的事情负责，也对别人负责。"

从此，聪聪每天出门前都会检查自己的东西是否带齐。不久，他还当上了班干部。

故事中的聪聪忘带道具，便向妈妈求助。妈妈拒绝了他，因为想让他在挫折中得到教训：为自己负责。而在妈妈讲的故事里，聪聪懂得了为自己和别人负责的道理。

2．认错，不丢人

很多父母，都有这样的体会：男孩子再文静也比女孩子难于管教，整天是"大错不犯，小错不断"，让人操碎心。其中，闲不住又缺乏自制力是男孩们成长中的共性。

因此，很多男孩经常因为"犯错"而受到父母的责骂和惩罚。他们往往为了避免受到责罚，便千方百计逃避责任，如找各种理由为自己开脱，或者对于错误矢口否认。

其实，"人非圣贤，孰能无过"。相对女孩来说，男孩子对于美食、玩具等"诱惑"的抵制力更弱些，犯错的概率也相对高些。所以，在日常生活中，父母要特别教育男孩勇于承担责任，为自己的错误"买单"。

　　欣欣性格爽朗，像个男孩。弟弟承承却刚好相反，像个唯唯诺诺的小姑娘。承承有个小毛病，就是比较贪吃。

　　有一天，妈妈的朋友王阿姨来访，给姐弟带来奶糖。但妈妈没当着王阿姨的面给姐弟俩糖果吃，而是安排他们出去玩。王阿姨离开后，妈妈就把糖果放到隐蔽的地方，留着给他们以后吃。可是，贪吃的承承受不住诱惑，便偷偷去找奶糖。找到奶糖后，他好不容易鼓起勇气拆了袋子，偷偷拿了几颗。接下来，他一有机会，又偷吃几颗糖。

　　两天后，妈妈想起拿奶糖给孩子们吃时，却发现奶糖已被拆封。她知道欣欣不喜欢甜食，奶糖肯定是被承承偷吃了，便将他们叫到客厅问个究竟。妈妈问："王阿姨带来的奶糖，你们谁偷吃了？"承承听后，缩了缩脖子，没吱声。欣欣，也没说话。看着妈妈不高兴的样子，承承更怕了，头也更低了。欣欣知道是弟弟吃的，怕弟弟受责罚，就"承认"说："妈妈，是我吃的，奶糖很甜。"妈妈没说话，只是看着承承，承承被看得很不自在，最后低声说："其实，是我吃的，不关姐姐的事。"

　　见儿子终于开口了，妈妈也释然："欣欣，你替弟弟承担错误，不是在帮他，而是在害他。这样，他以后遇到错误的时候，只会一味逃避或让别人承担，永远也不会意识到自己肩上的责任，也不会意识到身为一个男孩子，遇事要冷静、勇敢、有担当。在你说谎的时候，你也犯了错误。而承承，你是男孩子，就应该有男孩子的样子，不应该凡事都躲到别人的背后寻求保护，自己做错的事情应该自己承担，不能依靠别人。"

姐弟俩听完妈妈的话后，都点点头承认错误。最后，妈妈也高兴地分他们糖果吃。

故事中的承承是个性格懦弱的男孩子，偷吃糖果被发现后，怕受惩罚不敢承认错误。而姐姐欣欣却有男儿气概，帮弟弟承担错误。这种情况，在生活中也不少。而那个姐姐的扮演者，也可能是"妈妈"。

所以说，父母们一定要注意，在日常生活中不要为孩子包办一切，而是让他们对事情"该承担时就承担"。

3. 责任感这样养成

责任感对于男孩来说，意义重大。有了责任感，人才能自觉、勤奋地学习、工作，做各种有益的事情，掌握各种技能。因此，父母必须从小就培养男孩的责任感，以便他长大后能尽快适应社会，在工作职责、义务上尽职尽忠，成为优秀人才。

不过，现在很多男孩都是独生子，多受家人捧爱，责任感较差。他们只顾自己，不顾别人，甚至不关心自己的父母，这已成社会问题。父母们可以运用以下方法，来培养男孩的责任心。

3.1 家庭氛围民主

平时，父母要多同男孩谈论接触到的各种消息、问题，鼓励男孩发表见解，用日常生活中最常见的、涉及伦理道德等问题的事例，引导男孩对社会现象独立地做出正确的解释。即使男孩的观点是错误的，父母也不要急于打断，或者马上给予批评，而是通过委婉方式让男孩认识错误，并甘心改过。这样，就培养了男孩关心别人、关注社会的良好习惯，从而增强其责任感。

3.2 让男孩自主

瑞士著名心理学家皮亚杰认为，男孩在学习过程中绝不是完全被动的角色，对一种现象，如果他心中原有的解释没有出现矛盾，他就不会接受新的解释。因此，父母要注意找一些社会问题让男孩分析，让他们用自己的理论去解释，等他们解释不了，再发表自己的观点，并跟男孩一同探讨，直至问题解决。这样，男孩的个人自主性提高了，社会责任感也养成了。

3.3 让男孩多帮忙

父母经常请求男孩帮助处理家庭事务，也是培养他们责任感的有效方法。在公共汽车上，一个外地妇女抱着一个小女孩儿，靠在十五六岁的儿子身旁。她的儿子由于承担着成年男子汉的责任而显得庄重、自信，照顾自己的母亲和妹妹细心、周到，与他的年龄很不相符。这正是因为他平日里多处理家庭事务，俨然一个小大人。

总的来说，培养男孩的责任感要从小开始、从家庭开始。妈妈适当的"示弱"或者"放手"，对男孩的责任感培养非常关键。而一个能够自主思考、独立处理事务的男孩，情商也往往比较高。

第七节　果敢——当仁不让

引语

　　果敢，即果断勇敢，是一个人必备的精神品质。漫漫人生路，不知会有多少艰难困苦，人如果不能果断抉择、勇敢进闯的话，只会固步自封，平庸一生。所以，父母们培养男孩的果敢精神，就是为男孩铺就如锦前程。

1. 勇者无惧

　　勇者无惧，是指真正勇敢的人，对任何事情都不惧怕。但是，很多男孩小时候往往都表现得很胆小，这也是一个人成长过程中不可避免的。

　　晨晨快3岁了，是个聪明秀气的小男孩，可是不知从什么时候起，晨晨变得非常的胆小，他害怕陌生人，害怕黑暗、害怕上厕所，有时候看不到爸爸、妈妈在身边，也会吓得大哭起来。一次妈妈抱他在阳台上看天上的月亮和星星，谁知晨晨却吓得双手死死地捂住眼睛可怜巴巴地嘟囔着："害怕，妈妈，害怕……"直到妈妈把他抱回屋里，才把手从眼睛上拿下来。看着平日活泼好动的儿子这么胆小，妈妈真是伤透了脑筋。

其实，在男孩小小的世界里，总会有许多让男孩感到害怕的东西。有些男孩会对任何新的或不同的东西产生恐惧，有的男孩害怕动物，而有的男孩却非常喜欢小动物而害怕吸尘器的噪声，但不管是害怕什么，有些恐惧不久就会消失，而有些恐惧却会在男孩的某个年龄段变得非常严重。

那么，男孩的勇气从哪儿来呢？

在一次马戏表演中，有一个节目：一头身挂很多玩具的牛，在舞台上来回走动。主持人宣布，愿意上台摘玩具的孩子，只要把玩具拿到手便归自己，另外再发奖品。

话音刚落，观众席上走出几十个孩子，而在座的父母却没有一个加以阻止。很多孩子在拿取牛身上的玩具时表现得很勇敢很机灵，博得全场一阵阵热烈的掌声。

显然，男孩们在克服重重困难中显示出了积极进取、不畏艰险的精神。他们怎么会有如此的勇气呢？这是父母的放心和放手铸成的。父母们没有阻止男孩，就是在默许和鼓励男孩去冒险、争取，这样，男孩就有信心和勇气去克服困难，以至取得成功。

还可以说，勇者无惧，源于鼓励。父母们多给男孩机会去体验"艰险"，他们就会在"赢"的成就感里孕育出莫大的勇气。而如果父母总是牵着男孩的鼻子走，事事过问、包办，男孩也会很反感，也可能因此而进行反叛。

2. 当仁不让

果敢，也是一种当仁不让，是一种领导力的展现。拿破仑说过，"不想当将军的士兵，不是好士兵"。因此，父母们要在生活中有意识地培养男孩的领导力，让男孩遇事当仁不让。

2.1 及时肯定

"领头羊"一般都具有强烈的自信心，即便有微小失误，也相信自己是赢家。

一次，程程与小朋友踢球输了，原以为妈妈会说："唉，你太笨了。"万万没想到，妈妈边替他擦汗边夸奖他："你带球过人的技术真棒，奔跑很积极，如果再加强射门练习，会踢得更好。"其后，妈妈专门请老师帮程程进行有针对性的射门训练。现在，他不仅是足球队前锋，还是小区里的"孩子王"，一呼百应。

程程能成为"领头羊"，正是妈妈鼓励与支持的结果。如果妈妈真的在他踢球输球时批评或嘲笑他，他就很可能从此一蹶不振，而再不敢玩足球了。

可见，在男孩的人生旅途上，他每走一步，都要给予积极的肯定。如男孩某次数学成绩没有考好，妈妈应该及时鼓励他："这次考的成绩虽然不好，但是语文考得很棒。以后多在数学上下功夫，我相信，你下次一定有进步。"这样，他就会有信心去争取下一次的进步。而一点一滴的进步会不断增强男孩的自信心和成就感，从而使他更能勇往直前。

2.2 引导思考

一个4岁的男孩，想迈上滑梯的第一个台阶。可他腿很短，爬不上去，妈妈对他说："想想呀，找个小助手，是不是可以上去呢？"小男孩认真思索了一会儿，把小推车推到了台阶旁，他先爬到车子里，再爬上滑梯台阶。妈妈感叹道："让孩子学会推理和思考，他会做得比成年人想象的还要好。"

"推理、思考与判断"是领导能力的重要体现。那些从小就会认真思考问题，并积极解决困难的男孩，往往更有领导潜质。男孩能积极思考，这自然是父母们巧妙引导的结果。

2.3 鼓励表现

班级要举行选举，你的儿子很想入选。针对这件事，你可以鼓励他在班上多发言，积极回答老师的问题；鼓励他主动与同学打招呼，树立在同学中的威信等。

一位妈妈这样介绍她的育儿心得：

儿子班上刚上任的班主任正在班里选班长，在班里当"官"一直是儿子的梦想，于是我就鼓励他："老师提问题的时候，你积极思考，主动举手回答，老师就会对你产生好感，对你的中选很有帮助。"

没过几天，儿子竟然兴奋地告诉我，老师选他当班长了。我虽然笑着恭喜儿子，但是心里一直在犯嘀咕，这新来的老师怎么这么快就选出班长了呢？后来开父母会时我才明白是怎么回事。

原来，老师告诉学生，每天在上课前早自习时间背《新三字经》，上课老师检查，谁背诵得好，老师让他领诵。当"官"心切的儿子信以为真，回家后认真地背诵。第二天，老师真的检查，结果只有儿子一个人背下来了。

老师对我说："本来想考察一段时间再定班长人选，一看这男孩这么出色，就让他做班长了。"当上了班长，这对儿子是一个极大的激励。从此他的积极表现一发不可收拾，每天带领同学背诵课文，搞文艺活动，参加各种比赛、演讲，事事处处都走到了同学的前面，结果在学期末就被评为了"市三好学生"。

这就是妈妈鼓励男孩积极表现自己的收效。事实上，大多数男孩都希望得到别人的表扬和赞赏，所以父母们要多鼓励他们去积极表现自己。比如：当儿子希望做什么事而不敢向前的时候，父母要及时鼓励并指引一些有效方法；而当儿子本身不愿做某件有益于他自身发展的事情时，父母也应该给他分析事情的好处，并鼓励他去勇敢尝试。

2.4 制造机会

【故事一】

老师要求同学自荐当干部，松松争当劳动委员。妈妈责怪他："每天要早到20分钟打扫卫生，多辛苦。"松松问："当体育委员行吗？"妈妈又数落："活动时要负责拿运动器械，磕着碰着怎么办？"

总之，妈妈只希望他学习好、身体好，至于当班干部，累人又费时间，还是躲得远远的好。由于不关心集体，松松形单影只，没有任何号召力。

【故事二】

兢兢正相反，无论是学校、社区，还是兴趣班，妈妈都主动请缨鼓励他当干部，有意锻炼他的领导才能。由于从小就获得了与人打交道的经验，具备超越同龄小朋友的管理能力，刚上小学，兢兢就顺理成章当上学校外联部的"小干部"，还在电视台出过镜。就这样，兢兢给自己树立了理想：长大做个外交官。

以上两个故事可做正反两面教材，充分说明给男孩实践机会，对培养男孩领导力的重要性。松松妈妈只关注儿子的成绩和身体，怕影响儿子成绩或累着伤着而阻止儿子锻炼自己领导力的愿望，从而导致儿子成了"孤家寡人"；而兢兢妈妈则明智地为儿子制造很多锻炼机会，从小培养儿子的领导能力，使儿子有可能成为明日"外交官"。

所谓"巧妇难为无米之炊"，给孩子实践机会，锻炼自己，才能培养出"领头羊"般的男子汉。

第八节　奋进——成长一生

引语

　　奋进，是一种主动进取的精神，也是一个人争强好胜的决心和欲望。它是靠自我内心驱使，主动探知内心世界的一种冲动，以获取为最大满足。人的一生成就大小，与主动进取有很大关系。

1．金字塔上的蜗牛

　　众所周知，蜗牛的爬行速度堪称世界缓慢之最。可是，它们身上具有一种不折不挠的进取精神，使我们人类无比震撼。不信，请看如下故事：

　　一支考古队到胡夫金字塔考察，有个不可思议的发现：在胡夫金字塔的顶部，有不少蜗牛的躯壳。

　　在人们的意识里，似乎只有雄鹰才能登上巍峨的金字塔，因为雄鹰有强劲的翅膀。但行动极其缓慢的蜗牛，是如何从地面来到海拔136.5米、相当于40层楼房之高的金字塔呢？有人猜测，或许是雄鹰从地面叼上来掉落的。但在每一个躯壳里，蜗牛的身体都毫发无损，这确实很难解释。那么，难道它们是黏附在飞机表面而最终坠落下来的？也不合理，因为飞机发动后的强大气流足以把蜗牛吹得无影无踪。后来，考察队陆续有了更多的发现：在金字塔的中上部有蜗牛爬过的痕迹，且有干枯的蜗牛黏附在塔体。

所以，考察队员得出结论：爬行速度最慢的蜗牛，的确是自己经过无数次的坠落，从塔基一步一步地爬上世界上最伟大的石头建筑的。

蜗牛之所以能够攀上金字塔，就是一种奋进精神，这种精神又使它们坚持不懈地攀爬。而即使在这坚持中，也只有极少数的蜗牛，能够巧遇阴雨、蕴蓄充足的水分，以至成功登上塔顶。在蜗牛的简单思维中，只有前进，即使摔得头破血流，也永不退缩。

这种至死不渝的奋进精神，也是超棒男孩身上应该具备的。

2. 进取这样养成

积极进取精神是人的一种个性特征，它能推动儿童顽强地向着未知领域不停地进行探索，促进儿童智力的发展，强化男孩的坚强意志，是现代儿童成才的重要素质条件。

为此，父母应大力培养男孩的进取品格，使他们永远不满足现状，不怕困难，不畏险阻，满怀信心地奋勇前进。

2.1 帮男孩立志

我国著名的数学大师苏步青，1902年出生在浙江省一个贫苦人家。他9岁上高小时，因贪玩曾在全班32人中期末考试得了倒数第一，同学们都说他是个"笨蛋"。陈玉锋老师把他叫到自己的办公室，拉着他的手给他讲了一个故事：

牛顿12岁的时候，因学习成绩不好，大家都瞧不起他。有一次，一个同学蛮横无理地欺负他，一脚踢在他的肚子上，疼得他直打滚。那个同学身体比他棒，功课比他好，牛顿平时很怕他。但此时他忍无可忍，跳起来还击，把那个同学逼到墙角，顶在墙上。那个同学见牛顿发起怒来如此凶猛，只好屈服。牛顿从这件事想到做学问的道理也不过如此：只要痛下决心，就能把它制服。于是，牛顿发愤图强，努力学习，不久成绩就跃居第一，后来成为一名伟大的科学家。

接着，陈老师又向他讲，不好好学习将对不起含辛茹苦的父母，苏步青听完老师的话流下了眼泪。此后，从小学到中学，从中学到大学，每次考试他都是第一名。

苏步青成功的事例启示我们，男孩随着年龄的增长和自我意识的增强，开始探索人生和自我价值。做父母和做老师的，应当不失时机地对其进行正确的人生观

和成才观教育，使他们懂得：人活着，要有理想。

所以，父母们要通过多种方式，激励男孩为实现宏伟理想而刻苦学习，立志成才。

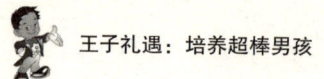

2.2 诱发男孩成就动机

所谓成就动机，是指一个人在完成某种活动时，竭力所追求获得优异成绩的心理动力。

据研究发现，男孩成就动机的形成与所接触的文化、社会环境及家庭因素有关。

就家庭而言，如果父母给男孩提出一个优异标准，或坚持男孩必须能够独立地完成某些事情，这样便会使男孩有比较高的成就动机。

世界著名小提琴家梅纽因，童年时代对音乐异常敏感。5岁那年，母亲送他到旧金山一个音乐班学习小提琴。

然而，由于他天生手指短（后来在19岁时又萎缩），手掌肌肉发紧，练琴时梅纽因感到特别费劲，手指不听使唤。教师失望了，耸耸肩膀，摊开双手，表示爱莫能助。于是，擅长钢琴、大提琴的母亲承担起儿子的音乐教授任务。

在母亲的细心传授和严格要求下，梅纽因发奋练习，苦学不已，终于摘取了世界最优秀小提琴家的桂冠，成了一名世界级的音乐艺术家。

该故事讲的是一个先天有缺陷的男孩，在母亲成就感动机的诱发下，克服困难、不懈努力，最终实现理想。这充分说明，父母只要引导得当，即使是有困难的男孩，也能经过努力，而取得最后的成功。可见，世事"没有什么不可能"，只要有奋进的动机。

2.3 指导男孩专注一事

知识无限，人的生命与精力却有限。"没有最好，只有更好"，一个人不可能同时掌握所有的知识和技能，而只能在某一领域精深钻研，以至获得成就。因此，父母们也应该引导男孩，专注于一个最感兴趣的方向，并矢志不移地前进。

法国昆虫学家法布尔有一次走进皇宫，受到国王接见。

当他看到国王周围的官员都穿着燕尾服和带银扣子的靴子时，忘掉了自己是在皇宫里，竟用观察虫类的眼光打量着眼前的人和服饰，并且不禁喃喃自语："啊，像'鞘翅目'，连颜色都像极了，是棕黑色的。"

法布尔会为了捉到一只小虫，经常跟着虫子到处跑。有一次，他怕虫子的腿受伤，自己却摔了跤，差点跌断了腿。他有时躺在野地里观察虫子的活动规律，一躺就是一天，农民不理解，说他是"中了邪"。

法布尔这种痴迷于昆虫的行为，可谓敬业至巅峰。他说，这叫"精神集中到了一个焦点"。

像法布尔那样，连与国王会见的时刻，心里还在想着昆虫。平日里，更是对昆虫专注至"痴"。这样的精神高度集中于一个焦点——"昆虫世界"，想取得成就，有何难呢？

综上所述，早立大志，是明确目标；成就动机，是进取火炬；专注于兴趣，是成就之基。只要父母们启之有道，教之有法，男孩们必然能勇往直前，摘取硕果。正如高尔基所说的："一个人的追求越高，他的才力就发展得越快，对社会就越有益，确信这是一个真理。"

第九节　谦逊——虚怀若谷

引语

　　俄国思想家、文学评论家别林斯基说过："一切真正的伟大的东西，都是淳朴而谦逊的。"换句话说，世上凡是有真才实学者，凡是真正的伟人俊杰，无一不是虚怀若谷，谦虚谨慎的。

1. 满招损，谦受益

　　"满招损，谦受益"是中国传统的一句古训，指谦虚的人会受到益处，自满的人会招来损害。谦逊的人，懂得放低姿态，能赢得别人的帮助；加上虚怀若谷，能接纳各种精华，使自己变得丰富而深厚，从而获得更多的尊重和敬仰。而自满的人，只看到眼前的利益，固步自封，加上盲目地自我膨胀，只会使人望而生畏。

　　有位小伙子爱好丹青，但他拜师"无门"。

　　有一次，他向寺庙住持诉说："我一心一意要学丹青，可至今没有找到一个满意的师傅，许多人都是徒有虚名，画技还不如我。"住持听了，淡淡一笑，叫他现场画画。

小伙子问画什么，住持便说："老僧平素最大的嗜好就是品茗饮茶，施主就为我画一把茶壶和一个茶杯吧。"他一说完，小伙子就刷刷刷，寥寥几笔把画画好：一把倾斜的茶壶正徐徐吐出一脉茶水，源源不断地注入茶杯中，简直栩栩如生。

当他正得意时，和尚却说他画错了，应该把杯子布置在茶壶之上。小伙子奇怪地说："大师，有没有搞错，哪有杯子往茶壶里注水？"住持哈哈大笑，说："原来，你也懂这个道理啊！你渴望自己的'杯子'里能够注入丹青高手的'香茗'，但你总是将自己的杯子放得比那些'茶壶'还要高，'香茗'怎么注入你的杯子呢？涧谷放低自己，才能得到一脉清流，人也只有把自己放低，才能吸取别人的智慧和经验。"

小伙子听后，恍然大悟。

这个故事让我们知道，人就像"杯子"一样，只有放低自己，才能接到"茶壶"里的"香茗"。

而人若自我抬高，目中无人，自然得不到想要的东西。这也是"满招损，谦受益"了。

2. 示弱也是一种智慧

在自然界中，"适者生存"，而不是"强者生存"。早在几亿年前，蜥蜴原是恐龙的同类，但是体积、地位相差悬殊，那时整个地球的主宰就是恐龙。可如今恐龙灭绝了，而蜥蜴却一直存活了下来，原因是：恐龙的体积过于庞大，不便保护自己，所以被自然界所淘汰；而蜥蜴小巧灵活，虽然很纤弱，却便于隐蔽自己，从而能在大自然的优胜劣汰中延续下来。所以说，"弱者"往往不弱，而是另一种强大。在生活中，适当的"示弱"其实是一种大智慧，父母们应该教育男孩学会"示弱"。

暑假，上大学的儿子在家，我就在儿子面前"示弱"。比如，桶装的纯净水送来了，我不急于装水，而是告诉儿子近来腰不太好，有点不敢装水。儿子一听，马上把水装好，并告诉我，以后只要他在家，桶装水都由他来装。我的示弱，大大激发了儿子的责任感，使他觉得自己长大了，是男子汉了，应该为父母承担重活了。

可见，父母的适当示弱，不会在儿子面前失去威严，而只会让儿子觉得他自己长大了，有价值了，这样不仅提升他个人的价值感和责任心，而且让他更加懂得疼爱、孝敬父母，何乐而不为呢？

总之，示弱是一种智慧，尤其是妈妈对男孩的"示弱"。试想，如果母亲总是事事替男孩包办，男孩如何自理，如何处理与人交往中的问题，如何懂得父母的艰辛而去孝敬，如何知道自己的存在意义和价值？这样的男孩，除了只会当社会"寄生虫"，还能做什么呢？如果全社会都是如此的"窝囊废"，社会还能进步么？所以说，妈妈"示弱"，男孩必强大。

3．不卑亦不亢

不卑不亢，形容人说话办事有恰当的分寸，既不低声下气，也不傲慢自大。要培养出不卑不亢的男子汉，父母就要在培养男孩自信的同时，也要注意遏制男孩的自满、自大脾性。

【事例一】

一位父母担忧地说："我家儿子虔虔成绩很好，但就是容易骄傲。如果这个月月考考得不错，回家大人夸他两句，下个月考试成绩往往会退步很多。但是，我们批评教育他一顿后，他又会考得很好。孩子的成绩总是忽上忽下，这可怎么办呢？"

【事例二】

老师看森语学习认真，还很聪明能干，就让他当了班长。可是，最近森语的表现总是很"异样"：由于粗心算错题，妈妈说他两句，他就跟妈妈耍脾气；一次放学后，妈妈去学校接他，让他跟老师说"再见"，他一副不耐烦的样子；回家后，妈妈教育他要懂礼貌，他便冲妈妈大喊："我知道了，你总是说，我耳朵都装不下了！"面对孩子如此嚣张，森语妈妈很是尴尬。

【事例三】

闻闻是个很有才华的孩子，刚上小学四年级便能写出一篇篇出色的文章。因此，他从小就立志要当作家。闻闻有此雄心壮志固然很好，若能为此努力学习，脚踏实地读书、认真地写作，实现理想指日可待。可是，他并没有安心学习，而是成天做"白日梦"——要当"在文学史上永远闪耀着光芒的大作家"。

在自我感觉膨胀得厉害时，闻闻开始讨厌学习。他认为书上的知识都是别人、成年人、老年人写的，他要突破这些人，创造出自己的作品。他也越来越看不上老师，说："老师都是些庸人，在课堂上只会照本宣科，一万句话里找不到一句精彩的格言和奇特的妙语。"从此，他的成绩一落千丈，考试连连失利，包括他最"拿手"的语文。

骄傲自大，是当代很多男孩的典型特点。有的男孩（虔虔）因为一次考了好成绩，便不再去认真学习；有的男孩（森语）因为在班里担任了干部便目中无人，甚至看不起自己的父母；有的男孩（闻闻）更离谱，因为自己有一点特长便自我膨胀，还不把师长放在眼里，不继续努力发展特长还成天做"白日梦"。

骄傲自大是一种不良的心理状态，它往往会对男孩的发展产生很多消极影响。比如，骄傲自大的男孩常常在自己的周围建起一道无形的"城墙"，使自己变得心胸狭窄、自私自利；他们虽然能取得一定的成绩，但往往因为自我膨胀过大，而容易导致"坐井观天"或成为"行动矮子"。

因此，父母一定要及时发现并纠正儿子的骄傲自满心理，并给予正确的引导，使他们日后成为受人欢迎的谦谦君子。

第十节　理想——指路明灯

引语

　　理想是什么？理想是人们在实践中形成的、有可能实现的、对未来社会和自身发展的向往与追求，是人们奋斗的动力方向。而先哲苏格拉底说："世界上最快乐的事，莫过于为理想而奋斗。"可见，教育男孩树立起一个理想，就是为他的快乐奠下基础。

1．理想是明灯

　　俄国的文学家列夫·托尔斯泰说过："理想是指路明灯。没有理想，就没有坚定的方向；没有方向，就没有生活。"英国心理学家和教育学家佛来明也曾说过："人一旦失去理想，失去了精神上的追求，人类就变得无知，社会也将会变得漆黑一团。"可见，理想的确是一盏指路明灯，引领着一个人的实践方向。

《中国达人秀》上一举成名的刘伟，是用双脚来谈钢琴的。

他闭着眼睛，身体随着《梦中的婚礼》舒缓的曲调轻轻晃动，双脚在黑白琴键上灵巧地跳动着……不满21岁的刘伟虽然失去双臂，但有着超凡毅力的他却练就了"双脚弹钢琴"的绝技，多才多艺的他还是全国残泳冠军。

刘伟出生于1987年，上小学的时候，正是中国足球职业化的肇始，成为职业球员是他的理想。这个理想的起步看上去十分漂亮。上小学三年级的时候，10岁的他已经是绿茵俱乐部二线队的队长，司职中场。他欣赏的球队是巴西，但偶像是哥伦比亚的"金毛狮王"巴尔德拉马，因为他够狂野。

一切想象在10岁的一天终止。在一次与小朋友捉迷藏的游戏中，他触到了高压电，在医院醒过来的时候，他发现自己已经失去了双臂。

生活被放到了没有双手的断点上。此时，他第一次看了世界杯电视直播，但足球梦已经破灭。他在12岁时开始学游泳，进入了北京市残疾人游泳队。仅仅两年之后，他就在全国残疾人游泳锦标赛上获得了两金一银。这已是2002年的事情了，北京已经获得了举办奥运会的资格。刘伟对母亲许下承诺：在2008年的残奥会上拿一枚金牌回来。在为奥运会努力做准备时，高强度的体能消耗导致了他免疫力的下降，患上了过敏性紫癜。医生告诉过他母亲，高压电对于刘伟身体细胞有过严重的伤害，不排除以后患上红斑狼疮或白血病的可能，他必须放弃训练，否则将危及生命。"只能放弃，不能为了比赛，命都不要了吧。"

已经19岁了，高考临近，他的成绩并不差，但他有了疑虑。"内心有激烈的冲突，到底要不要上大学？"在放弃了足球、游泳之后，他把希望置放在他的另一项爱好上——音乐。

　　用脚弹琴是艰难的，这需要勇气和想象力，许多人用手弹都需要很多年才有起色，何况是脚。

　　刘伟每天练琴时间超过7小时。他每天过着三点一线的生活：练琴、学音乐、回家。他家在五道口，练琴的地方在沙河，学音乐的地方在四中，那是精神和体力的双重考验。

　　在脚指头一次次被磨破之后，刘伟逐渐摸索出了如何用脚来和琴键相处的办法。如同在足球、游泳上的表现，他对音乐的悟性同样惊人。奥运会时，只学了一年钢琴的刘伟上了北京电视台的《唱响奥运》节目，当着刘德华的面，弹了一曲《梦中的婚礼》。接着，他弹着钢琴，与刘德华合唱了一首《天意》。

　　刘伟一直为自己的梦想在努力，他的理想永远都清晰，尽管他遇到常人难以忍受的磨难，但仍有积极进取的精神并且持之以恒地付诸努力。所以，对于我们的男孩子，无论他遇到怎样的困难，或者有怎样的缺陷，只要有自己的"梦想"，并为之不懈努力，一定会有收获！

2. 为男孩插上翅膀

在《百家讲坛》中，于丹曾说过这么一段话："每个孩子都是掉到地上的天使，他们掉到地上是因为他们的翅膀断了，当他们还没有忘记天空的时候，他们一直在寻找为他们缝补翅膀的人。这就需要在成人的世界里，没有人嘲笑这些孩子的青涩、莽撞、唐突，能够包容他们，能够爱他们，能鼓励他们，缝补翅膀，重新返回天空。"

这段话很好地解释了梦想对一个孩子的意义：梦想就是他们的"翅膀"，有了这双"翅膀"，他们就可以自由快乐地飞翔。因此，聪明的父母们，要及时为孩子"缝补"回"翅膀"，以便他们尽早"飞翔"。

多年前，一位穷苦的牧羊人带着两个年幼的儿子以替别人放羊来维持生计。

一天，他们赶着羊来到一个山坡。这时，一群大雁鸣叫着从他们的头顶飞过，并很快消失在远方。牧羊人的小儿子问他的父亲："大雁要往哪里飞？"父亲回答说："它们要去一个温暖的地方，在那里安家，度过寒冷的冬天。"他的大儿子眨着眼睛羡慕地说："要是我们也能像大雁一样飞起来就好了。"小儿子也对父亲说："做个会飞的大雁多好啊！"牧羊人沉默了一下，然后对两个儿子说："只要你们想，你们也能飞起来。"

两个儿子试了试，并没有飞起来，他们用怀疑的眼光看着父亲。牧羊人说："让我飞给你们看。"于是他飞了两下，也没有飞起来。但是，牧羊人肯定地说："我是因为年纪大了才飞不起来，你们还小，只要不断努力，就一定能飞起来，到任何想去的地方。"父亲的话使两个儿子产生了飞起来的梦想，并坚持不懈地为之努力。

一天，牧羊人带回一个小玩具，用橡皮筋做动力，使它飞向空中。两个儿子觉得很好玩儿，照着仿制了几个，都能成功地飞起来。他们因此兴致倍增，并引发了造飞机的想法。经过反复试验，世界第一架飞机诞生了。

这就是美国的莱特兄弟创造第一架飞机的故事。

飞机的诞生，正是莱特兄弟自由"飞翔"的结果。而他们的"翅膀"，是由父亲的引导、鼓励铸成的。不过，莱特父亲并没亲自帮助男孩去实现梦想，而是让他们自己去努力，也正如纪伯伦所说："唇齿赋予了声音飞扬的翅膀，而声音却无法携唇齿同行，他只能独自翱翔天际。"这也是男孩自主自立的表现。

3．大理想与小志向

如果男孩的梦想与父母的期望相冲突，父母该怎么办？以下建

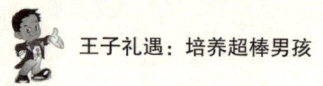
议值得参考：

3.1 倾听男孩的心声

随着男孩年龄的增长，个性意识的逐渐增强，加上社会因素，他们便会慢慢形成自己的兴趣爱好，这就是他们所谓的"梦想"，也是与父母的期望相对的"小志向"。

而当儿子的"小志向"与父母所赋予期望的"大理想"相冲突时，父母要做的不是一味地否定、反对，而应该认真地听听儿子的真实想法。其实，有自己的"梦想"也是男孩成长的体现，值得肯定和欣慰。如果父母愿意倾听他们的心声，并在允许"小志向"存在的同时也催促他们奔赴"大理想"，这样男孩会更愿意和更有动力去争取。又或者，男孩自己的想法确实比原来的规划好得多。

总之，父母只有清楚了解儿子才知道什么适合儿子，也才能真正做到因材施教。

3.2 分析时势利弊

都说社会是大染缸，男孩的"梦想"也往往受社会风气的影响。

比如，近年来《超男超女》、《好声音》、《好歌曲》等节目火热开展，年轻人的"梦想"也空前迸发了。于是，越来越多的人怀着一个"音乐梦"，并为此痴迷不已。

如果父母对这种社会现实不了解，又只希望男孩长大以后做律师、医生、商人等，那么就很有可能非常反对男孩的这种兴趣，造成亲子之间的极大矛盾。

而聪明的父母，就会好好地跟男孩分析时势利弊，让男孩明白爱好音乐是非常好的事儿，但不是每个人都能成为"歌星"。况且，明星们背后的艰辛也往往与他们人前的辉煌成正比，所以父母们可以建议男孩把音乐当作自己的业余爱好，让未来的生活更加绚丽多彩。

不过，若是男孩一定要坚持自己的"梦想"，父母们也应该尽量根据时势帮助男孩实现。

3.3 理想与现实要相契

人们常说，"理想很丰满，现实很骨感"，充分说明理想与现实之间的差距。因此，寻找理想与现实的完美契合点，对于一个人的理想实现具有很大意义。

从前，有两个饥饿的人得到一位长者的恩赐：一根鱼竿和一篓鲜活硕大的鱼。其中，一个人要了一篓鱼，另一个人要了一根鱼竿，然后分道扬镳。得到鱼的人原地用干柴搭起篝火煮了鱼，把鱼狼吞虎咽地吃了。不久后，他因再无鱼可吃而饿死在空空的鱼篓旁。另一个人则提着鱼竿继续忍饥挨饿，一步步艰难地向海边走去。可就在他可以看到不远处的那片蔚蓝海洋时，身体里的最后一点力气也使完了，只能眼巴巴地带着无尽的遗憾撒手人寰。

又有两个饥饿的人，他们同样得到了长者恩赐的一根鱼竿和一篓鱼。只是，他们并没有各奔东西，而是商定共同去找寻大海。他俩每次只煮一条鱼，经过遥远的跋涉后，终于到达海边。从此，两人便开始了捕鱼为生的日子。几年后，他们建造了渔船盖起了房子，有了各自的家庭、子女，过上了幸福安康的生活。

这两个故事很简单，却意味深长：只顾眼前利益的人，欢愉终是短暂的；而能在结合现实的基础上坚持理想的人，往往能取得最后的成功。可以说，让理想与现实相契合，这是父母们要教予男孩的。这样，才能培养出既有激情又不失理性的男子汉。

第六章

青春安度

第一节　关注变化

引语

　　青春期的男孩由于身体的变化，导致了心理上的困惑与不安，同时也有对性的空前好奇。这个时间段的男孩，特别需要父母的关心、理解和"解惑"，这就需要父母的特别关注，并给他们温暖和安全感，让他们学习和生活都无后顾之忧。

1．变化盘点

　　青春期的男孩敏感、脆弱，尤其是被赋予责任、使命的男孩子，他们内心的脆弱往往更容易被忽视。因此，父母对青春期男孩的心理关注异常重要。

1.1　性心理的变化

　　进入青春期发育初期，男孩开始对异性敏感，本能地产生对异性的疏远与反感。随着性发育渐趋成熟，在雄性激素的作用下，会产生性幻想，甚至会想到和心爱的女孩性接触，进而产生遗精现象。

1.2 交际方式的变化

青春期的男孩开始主动与家庭外的人建立关系。他们渴望友谊，希望有倾诉心声的朋友。他们具有自发形成的社交能力，有的青春期男孩社交能力比较差，往往会感到孤立、寂寞或者无助。青春期男孩的成长过程中，同伴和群体的作用甚至超过了长辈的影响。

1.3 独立意识增强

青春期的男孩有了自己独立的兴趣、爱好、见解和主张，他们不再安于父母的袒护和安排，而是有了自己独立的意识和独特的行为方式。

1.4 关注自己的形象

青春期前的男孩关注的多是同伴手里是否多了自己没有的玩具，而进入青春期之后，他们开始关注自己的身材和体貌，并且有了爱美的意识。

1.5 自尊心增强

青春期男孩已经开始注意自己在社会中的角色，关注爸爸、同学、老师和邻里对自己的评价，并且希望得到理解、尊重和宽容。

总之，青春期男孩有了儿童期没有的诸多变化，他们慢慢地走向成熟。在这转化的过程中，有喜有忧，有笑有泪，有对性心理的困惑，有对周围人不理解的烦恼，有自己的特立独行，也有同伴之间的互娱互乐。

2．因势利导

青春期男孩的情感问题，是令很多父母很没辙的事情。有些男孩能较好把握和调节自己，有些男孩则因此影响了学习。

我家孩子今年14岁，现在正读初二。小学时他各方面都很优秀，上了初中成绩却不断下滑，对老师的教育方法也不太满意。特别是这个学期，他不仅成绩下滑得厉害，还开始叛逆、追求名牌，甚至有心仪某位女孩的迹象。他现在不爱出门，回家也不太爱说话，以前喜欢的运动最近也不再有兴趣。

我多次找他谈心，或带他去运动、游玩，都没起什么作用，他什么都不愿说，也越来越表现得不耐烦。我真担心这样下去，孩子不仅成绩更糟，身体也会垮掉。

这位爸爸的烦恼很有代表性，是很多父母的心头通病。男孩子上了初中，正是处于青春期的时候，叛逆、虚荣、沉默、懒于运动都是比较普遍的现象。父母们也是看在眼里，急在心里。而很多时候，"谈心"不得法，男孩不肯敞开心扉，更成父母的烦恼。

那么，父母该如何跟男孩谈心呢？妙招有三：

2.1 理解需要

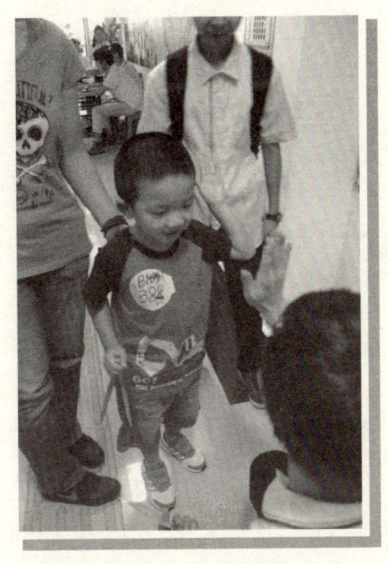

　　青春期男孩最大的需要，就是对异性的了解，这也是"恋母情结"年轻化的结果。这个时期，他们把对母亲的"爱恋"转移到同龄人身上，加上对性的好奇，便出现了"心仪"女生。对女生的好奇和好感，又唤醒他们对自身形象的注意，追求名牌便成了他们的需要。因此，母亲可以在形象上给他们一定的支持，同时利用性心理特点引导他们为心仪女生去提升自己，也就维护了他们的学习热情。

2.2 解答困惑

　　男孩喜欢某个女生，他自己心里也是忐忑不安的，不知如何控制自己。这时，父母如果可以心平气和地跟他谈性，让他明白这是正常现象，不足为奇，就可以安抚他的情绪。接着，父母又可以教育他们什么是真正的"爱"。而为"爱"去奋斗，才是最美好的事。

2.3 鼓励信心

　　当男孩很难克服对异性的向往，同时又对自己的学习感到焦急不安时，父母要及时给予鼓励和支持，而不是给他们更多的精神压力。妈妈可以让男孩的爸爸参与进来，跟他讲讲自己的"恋爱史"，并诚心诚意地表示理解和提出建议，让男孩感受到足够的支

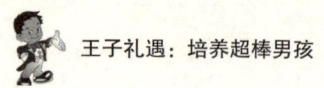
持力量，从而更有信心去跨过青春这道"坎"。

3．更多温暖

很多父母，以为男孩到了青春期，就"长大"了，所以开始不闻不问，很放心。殊不知，正因为他们的"放心"，让男孩以为被忽略了。加上对身体变化的不适与不安，情感上便渐渐跟父母疏远，甚至有怨气。

这种从"宠儿"到"弃儿"的改变更是让青春期的男孩受不了，所以他们叛逆、破坏，只为唤回父母的关注。由此可见，男孩到了青春期，父母的关注更不可或缺。因为此时正是男孩身体、性格、品质发展非常关键的时期，疏忽了这段时期，就等于"丢弃"男孩，实属不该。

有个别男孩甚至偏激地认为"亲情一钱不值"，这叫人多心疼。所以不论发生什么事，父母千万不要让男孩对家庭、对亲情失望，且必须告诉儿子："无论你犯了多大的错误，无论你受了多大的委屈，也无论你挨了多严厉的批评，你一定要记住回家。只要你回到家里，什么问题都能解决！"

那么，如何让青春期的男孩感受到父母的爱呢?

3.1 关心男孩的性需要

当男孩进入青春期，父母在对男孩进行性教育的同时，可以进行一些适当的性、恋爱、婚姻教育，先打打早恋的预防针。当发现男孩有早恋的苗头时，父母不要惊慌失措，自乱阵脚，要对男孩进行热情的帮助，给男孩讲道理，并告诉男孩少男的"钟情"与少女的"怀春"纯属正常，但这种喜欢只是一种好感，还不能成为"恋爱"，更不能作为婚姻的基础。

同时，教育男孩要自尊自爱，且给他真正爱情的纯洁性和婚姻的道德性，让男孩对爱情婚姻有进一步的认识。

3.2 对"早恋"男孩更加温柔

如果发现男孩陷入早恋，男孩对所爱慕的对象魂不守舍时，父母不能用讥讽、责骂甚至惩罚的方式来对待男孩，不能偷看男孩的信件、跟踪监视男孩，更不能冲向学校或对方家中，弄得满城风雨，这样做只会适得其反。最好的办法是理解男孩，体贴男孩，耐心倾听男孩的心声，并给男孩以热情、严肃的忠告。告诉男孩初、高中生谈恋爱最后"终成眷属"的成功率微乎其微，最后能成功在一起的必定是那些一起努力学习、为共同的理想奋斗的人，这样，就把男孩的注意力引回到学习上了。

其实，如果真能让男孩与心仪的女孩一起学习、为某个学校努力，未必不是好事。

3.3 给男孩足够的时间

所谓"罗密欧与朱丽叶效应"，是指当出现干扰恋爱双方爱情的外在力量时，恋爱双方的情感反而会加强，恋爱关系也因此更加牢固。一些父母发现自己的儿子出现早恋现象时，往往会马上想办法把他们拆散，这样处理，不但不能达到目的，反而可能使他们的关系更加牢固。

因此，父母在处理此类问题时，一定要晓之以理，动之以情，别太心急，而是给他足够的时间来处理。

3.4 满足男孩对爱的需求

很多男孩之所以早恋，是因为他们缺少爱，所以拼命地寻求爱。有的父母忙于自己的生意或事业，很迟回家或很少回家，甚至常年在外，男孩得不到关爱；有的夫妻关系亮起红灯，冷战争吵，甚至大打出手，男孩成了替罪羊；有的父母很少和男孩沟通，一张口就是成绩长成绩短，男孩心烦意乱。当男孩无法从父母那里获取爱的时候，他们就会转而在其他人身上寻找爱，这时"早恋"就产生了。

因此，当男孩早恋的时候，父母不应该一味指责男孩，而是深刻反省自身，并做出"爱"的弥补。只要足够真挚，相信男孩会被父母的爱感动而"悬崖勒马"的。

3.5 鼓励男孩参加有益的活动

鼓励男孩参加有益于身心健康发展的活动，不仅能转移男孩对性的注意，发挥其充沛的精力，而且能锻造男孩的品性。比如，校内丰富多彩的集体活动，校外的旅游、交友、公益劳动等既可锻炼身体，又能益智、养性。或者，鼓励男孩根据个人兴趣，发展个人爱好，如集邮、读世界名著、练习写作投稿，使课余的时间充满情趣和快乐，避免了对异性的"专注"。

第二节 尊重隐私

引语

　　不管成人还是男孩，每个人都是独立的个体，都希望有自己的秘密和空间，这也就是所谓的"隐私"，这是人类的心理需求。这就要求父母要理解、尊重男孩的这种心理需要，并密切关注男孩的动向，及时给予正确引导。

1. 可怜父母心

　　很多父母总感觉自己和男孩亲密无间，并以爱为借口，为男孩安排一切。然而，随着男孩年龄的增长，他们的生活领域、知识、情感都逐渐丰富起来，男孩的自我意识、自尊意识不断增强，原先无所顾忌敞开的心扉也渐渐关闭起来，形成自己的小秘密。

　　翻看男孩书包，偷看男孩日记，查看男孩短信，甚至在放学后跟踪男孩，不少父母把这些行为看作是对子女的关心和负责，可男孩们却十分抵触。

父母们对男孩的"关心"往往会导致亲子矛盾，下面就是父母与男孩的矛盾点：

1.1 父母：理解"偷看"行为

"没有经过我同意，就算是爸妈也不能偷看我的短信。"14岁的小刘是一名初三的学生，他最近有点郁闷，因为妈妈会在他不注意时翻看他的手机短信。小刘妈妈当时的回答是："你是我儿子，我这么做是为你好，对你负责。"一句"为你好"让小刘陷入了沉默，难道父母一定要用"偷看"来表达对孩子的关心吗？

记者曾在街头随机采访了十位父母，其中七位父母表示能够理解小刘妈妈的行为。"现在孩子都不愿意和我们沟通，我们也不知道他在想什么，就想看看他跟同学在聊什么，如果发现问题，也好对症下药。"林先生是一个初二学生的父亲，尽管他知道偷看短信的行为不妥，但他还是说："毕竟现在社会上的诱惑太多，我担心儿子学坏了。"

1.2 男孩：想方设法隐藏秘密

父母们为行使监护权，千方百计地通过各种途径知道男孩心里在想什么，而男孩们也想方设法地"保护"自己小小的隐私。日记、手机短信等都可能被父母"偷看"，网络成了这些"00后"男孩抒发心情、表达情感的平台。上QQ、发微博，一些不想让父母知道的秘密都可以在网络上写出来，因为QQ和微博可以设置密码，父母便无从翻找。

初中男生小松告诉记者，班上大部分同学都有QQ，网络是一个理想的倾诉平台，那些有感而发的心情、不能告诉父母的事情都可以在上面表达出来。"其实我们也没有什么秘密非要瞒着父母，只是他们喜欢翻我们的东西，让我们觉得自己没有得到尊重。"

"谁在成长中没有一点自己的小秘密，我只希望爸妈对我能多一点理解和尊重。"在谈及父母的教育方式时，小松说出了自己的想法。

初中生的心理尚未成熟，自我意识正在形成，此时男孩对成长过程中出现的问题会有疑惑，可能不愿意与父母分享，这是成长的必然。然而，父母的"偷看"行为会对男孩的心理造成伤害。

其实，尊重男孩与保护男孩并不矛盾。如今的男孩在相对封闭的环境中成长，内心比较敏感，而许多父母与男孩沟通不畅，为了了解男孩的内心想法，会翻看男孩的日记、短信等，这种行为非但不能保护男孩，反而会给男孩留下心理阴影，加剧男孩的逆反心理。

2. 为男孩"保密"

随着年龄的增长，男孩也渐渐有了不愿告诉别人的私事，父母也不例外，尤其到了青春期。男孩的隐私权和大人的隐私权一样，都受到法律规定的保护，即使是关系最亲密的父母，也不能侵犯男孩的隐私权。

实际上，父母侵犯男孩的隐私权，危害很大，比如，干涉男孩的自主发展、破坏男孩的自信心，这往往引起男孩的反感、委屈，导致亲子关系的破裂，甚至是男孩的轻生。

报纸上刊登过这样一条消息：

某市一位初中男生回到家后，与父亲大吵一番后自杀身亡。原来，爸爸趁儿子不在家，偷看了一位女生给他写的信。儿子非常生气，说爸爸侵犯了他的隐私权，是"违法"行为。爸爸更加不满，以一记响亮的耳光惩罚儿子的不敬。第二天，儿子就不知所终了。若干天后，儿子的尸体在附近的河湾里被人发现。

这则消息以令人沉痛的方式，告诉天下父母：一定要尊重孩子的隐私权，维护青春期孩子最基本的尊严。

然而，不侵犯孩子的隐私不等于对男孩放任自流。因为孩子就像父母手中的风筝，能得以自由自在飞翔，正是因为被父母这条隐形绳子牵着。一旦绳子断了，风筝便随风而行，迷失了方向。

所以说，父母既不能拉住风筝不让飞翔，也不能断掉绳子，导致其迷失方向。以下几点，是给父母们的妙招：

2.1 尊重儿子的隐私权

想得到儿子的信任，父母首先得信任自己的儿子。信任儿子的具体表现，就是尊重儿子的隐私。父母只有尊重了儿子的隐私、维护了儿子的自主自信，儿子才有可能在遇到重要而不能解决的事情时及时向父母请教，这也叫"无为而为之"。

2.2 以平等身份与儿子沟通

父母以平等的身份与儿子沟通，就像是儿子与他的朋友交流一样，这样往往更能拉近亲子关系。而如果父母居高临下，以为儿子什么都不懂，必须多听"老人言"，这样不仅会引起儿子的不满，还会在无形中阻止儿子独立能力和与人交流能力的发展。

2.3 与儿子探讨他们这个年龄段的常见问题

同年龄段的男孩往往具有共性，常见问题也是普遍存在的，比如青春期男孩对性的好奇和向往、厌学叛逆、不愿与人交流等。父母如果能以朋友的身份同儿子坦然谈性，就相关问题进行探讨，鼓励儿子发表意见，并多肯定其正确想法和委婉指出其错误等，那么，儿子的自主自觉性就会得到增强，同时又能避免因无知好奇而去犯错。

如果父母以居高临下的态度侵犯儿子的隐私权，而不是通过朋友式的平等交流了解和引导儿子，往往会得不偿失。很多事实证明，这样做只会伤害男孩的自尊，令他因怕受伤而紧闭心扉，甚至以轻生的方式来寻求逃脱。这正如一幅四格漫画里的四句话："你翻看了孩子的书包"，"你偷看了孩子的日记"，"你拉开了孩子的抽屉"，"你也锁住了孩子的心"。

3. 温柔引导

对于儿子的个人隐私，父母在尊重维护的同时，也可以通过其他方式来了解。比如，装作对他的隐私没有兴趣，用自己孩子时的相同经历打动男孩，这样往往能得到儿子信任，并获得对儿子隐私的"知悉权"。

振振上五年级了，他养成了写日记的好习惯。一天，他正在房间里写日记，听到有人敲门，"是谁？"他问。

"是妈妈，我可以进来吗？""请进！"振振一边答应，一边把日记本合起来。

原来，妈妈是给他送牛奶来了。"又在写日记啊？"妈妈问道。

"是啊，你可不能偷看哦！"振振娇嗔地"警告"妈妈。

"好，妈妈不看。其实妈妈小时候也像你一样，也喜欢写日记，还拿个小锁把日记本锁住，不让别人偷看我的日记。"妈妈一边抚摸着振振的头发，一边说道。

"那有人偷看过你的日记吗？"振振好奇地问妈妈。

"没有，他们看我日记上有锁，就知道我不希望别人看我的日记，也就不看了。想想那时候挺好玩的，一把小锁，仿佛锁住了自己的快乐，呵呵。"妈妈笑着对振振说。

"我的日记里也有好多快乐。"振振对妈妈说。

"我知道，其实妈妈很希望能分享你的快乐，也包括忧愁。不过妈妈会尊重你的意愿，不会偷看你的日记的！"妈妈真诚地说。

"既然妈妈这么说，我倒愿意和你一起分享我的日记了。"

就这样，妈妈既尊重了振振的意愿和隐私，又得到了振振的信任和爱。

这个故事很美，因为母亲的温柔引导，使得儿子敞开心扉与母亲畅谈，甚至愿与母亲一起分享自己的隐私，展现了一幅和睦温馨的亲子图。这也说明一个道理，父母只有真诚地对待男孩，才能得到男孩的信任和敬爱。

不过，社会上很多父母都很难做到这样，而往往是"理直气壮"地侵犯儿子的隐私。

朋朋走在上学的路上，忽然想起昨晚的作业本忘记收拾了，便急忙赶回家去取。

当他用钥匙打开家门，刚好看到妈妈正从自己的房间里走出，脸上神情很不自然。他疑惑地走进房间，一推门便愣住了：书桌的三个抽屉全部敞开着，自己的日记本、同学们送的生日礼物、贺卡乱七八糟地堆在桌子上。

朋朋非常生气地质问妈妈："你为什么翻我的抽屉？"

没想到妈妈却比他还生气："怎么了？我当妈妈的看看儿子的东西还有错吗？"

"可是你应该经过我的允许才能看！"朋朋毫不示弱。

"小孩子有什么允许不允许？别忘了我是你妈妈。好了，快去上学吧！"妈妈毫不在乎地说，不顾儿子满脸的不满与委屈。

像这样居高临下地"欺压"男孩的父母，势必引起男孩的不满反抗，他们的叛逆也往往由此而来。所以，聪明的父母们，要温柔地引导男孩走正路，培养出自尊自强的男子汉。

总之，父母以爱之名粗暴干涉男孩的隐私，往往导致亲子关系的破裂，男孩的自尊受损甚至轻生，这就是弄巧成拙的事了。而如果能将心比心，以朋友的方式温柔引导男孩，就更容易获得男孩的信任和爱，同时提高男孩的自主性和自信心，且避免犯错。尤其是对于处于青春期的男孩子们，自尊更需要得到呵护，而且更需父母的温柔引导，从而避免犯错。

第三节　把关学习

引语

　　青春期的男孩智力发展空前，但学习成绩却往往会下滑。尤其是小学成绩优异的男孩，上了中学后成绩下滑明显，令父母着急不已。

1. 学习为何下滑

　　研究表明，很多男孩进入青春期后学习成绩会不断下滑。这些男孩上课很容易开小差，往往忘记做作业，在课堂上注意力不集中。

　　甚至是一些小学时成绩很优秀的男孩，到了初中就渐渐变得厌学，甚至逃学。这种现象使得父母们既焦急又没辙，不停地寻求帮助。

　　（1）父母困惑：男孩变得太多

　　林女士有个初二的儿子。他在小学时学习成绩优秀，乐观上进，深受老师和同学的喜爱。

可是，他进入中学后，学习上老觉得跟不上大家，心情低落。开始时，他一看到考试成绩差就会很烦躁，现在就变得无所谓，还有厌学倾向，成绩也下滑得更加明显。而父母或老师一批评他，他就会非常抵触，情绪很激动。

（2）学生心声：感激妈妈的鼓励

我初中的时候也是这样，学着学着就不想学了，成绩也越来越差。可是，我妈妈从来没骂过我。当我考得不好时，只说我还需要努力。我也曾想过辍学，但我每次说不想上学的时候，妈妈就会和我聊天，使我渐渐打消这个念头。

就这样，我现在都快大学毕业了。我很感谢我妈，她无论什么时候都不会骂我，而是不断地鼓励我，帮助我走出那段阴暗的日子。

总之，青春期男孩的厌学逃学、成绩下滑现象很普遍。而在这些成绩出现下降的学生中，存在两种情况：

1.1 缺乏兴趣

抱这种态度的学生对学习感到无所谓、漠不关心，他们往往缺乏学习的动力。这些学生的学习能力是正常的，但对学习缺乏兴趣。持这种态度的男孩往往来自过于严格的家庭，或者相反，来自过于放任自流的家庭。

所以，如果男孩对学习失去兴趣了，父母就要好好反省自己对男孩的要求是过高还是过低。要求过高者，要给男孩适当的空间和适时的鼓励，而不是总是"恨铁不成钢"般批评。而要求过低者，就要好好跟男孩谈谈未来，做做人生规划和学习计划，并鼓励男孩慢慢进步。

1.2 暂时下滑

这种现象，往往出现在成绩曾经很优秀的学生身上。换句话说，有些成绩曾经优秀的学生，其青春期的成绩下滑可能只是暂时现象。如果父母及时发现问题，并给予正确引导，在一段时间之后，这些孩子就可能会恢复正常。

比如，多倾听孩子的真实想法，给予充分的鼓励和信任，必要时就在孩子的同意下报读下滑学科的课外培训。

2. "浪子"回头

从心理学角度而言，女孩的语言能力比男孩稍好，而男孩的逻辑思维能力相对强一些。

一般来说，在小学时代，女孩的数学成绩稍突出点。到了中学，男孩就发挥出思维能力，使得数理化三科总体上比女孩子学得好得多。

这种数理化优势还往往出现在曾经调皮捣蛋、不爱学习的男孩身上，因为活泼好动的他们，思维能力也相对较强，若是愿意"浪子回头"，他们就会很快发挥出思维优势，从而迅速拔高理科

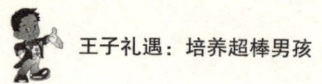

成绩。

因此，父母们不要以为男孩小学没好好学习，中学就更赶不上，而是要巧妙地引导他们把旺盛的精力发挥到学习理科上。只要给足信心，相信很多男孩还是很愿意有所为，因为每个男孩都需要成就感。

那么，如何让调皮的男孩发挥理科优势呢？父母可以采用以下几点妙招：

2.1 跟男孩分析学习优势

小学成绩不好的男孩，往往多受老师或父母的批评，久而久之，学习的信心也逐渐被消磨掉。要让这类男孩恢复学习信心，父母就需要给他分析他处于青春期的智力发展特点和思维优势，让他有理由和信心去搏一搏。

2.2 鼓励男孩坚持学习

学习习惯不好的男孩，即使知道自己有学习的优势，也依然会因为习惯使然，懒于学习。因此，父母们要对男孩有耐心，并不断地给男孩鼓励，让他的"我能行"念头越来越强烈，从而形成学习主动性。

2.3 辅导班补充基础

有些男孩小学时段学习基础不好，尽管有青春期的思维优势，还是会难以跟上学习。这时，父母就可以考虑为男孩报读辅导班，专门补回男孩的数学基础。这样，男孩也会从数学的进步中，对物理和化学更有学习信心。

总而言之，男孩的理科成绩往往属于大器晚成的一类。父母们可根据男孩青春期的智力发展特点，想办法让他们发挥思维能力优势，也是一种因材施教。而及时鼓励和温柔引导，往往是能让男孩"浪子"回头的依据，这也是聪明的父母常用的方式。因为，父母们的鼓励和信任，往往能成为男子汉们的学习动力。

3．规划+努力

青春期的男孩比较迷惘，需要父母的密切关注和及时帮助。比如，学习上的迷失方向或失去动力，这都需要父母的特别关照。

聪聪妈妈很困惑：我每天都看到儿子规规矩矩地坐在书桌前，认真地学习，可是成绩却在下滑。他学习没有计划性，全凭自己对功课的偏好，高兴学什么就学什么。这会不会就是孩子成绩上不去的原因呢？那么，我该如何帮助孩子制订学习计划？

所谓"当局者迷"，男孩往往不能完全统筹自己的学习任务，当中学学习任务加重时就会显得措手不及，只能凭个人爱好去学。

因此，帮助男孩制订学习计划，并敦促男孩努力执行，是父母们对青春期男孩的特别关照。而帮男孩制订学习计划，父母们要注意以下几点：

3.1 计划要全面，充实学习生活

学习计划包含生活计划，涵盖生活和学习时间的安排。主要是安排常规学习和自由学习的时间，兼顾锻炼身体、集体活动、文化娱乐和帮助父母做家务的时间。常规学习就是按照学校规定的学习

时间学习，包括在校上课和在家做作业的时间，这部分时间应当根据学校规定和老师的要求去安排。自由学习时间，是指完成老师布置的学习任务后所剩下的可由自己支配的时间。

总之，要把一天中的全部活动都纳入计划中来，要体现学习、吃睡、课内外活动的时间、休息娱乐时间、人际交往的时间。有规律而充实的生活是提高学习效率的基本条件。

3.2 计划要灵活，适时适地调整

学习计划的首要目的是改善学习习惯，培养学习兴趣。计划时留一些机动时间，确保计划能全部实行。完成计划会提高男孩的自信心，有利于下一阶段的计划安排。计划根据实际情况和执行计划中的体会允许更改。比如，男孩因参加体育比赛觉得非常累，就及时改变计划早点休息。如果坚持要男孩边打盹儿边学习，那就无异于削足适履了。

计划应根据男孩在执行过程中遇到的情况和问题及时调整。计划完成得比较好，就可以根据情况加快学习进度，完成计划感到有难度，就检查一下男孩完不成计划的原因。如果计划难度确实大，应该把难度降低。

3.3 计划讲原则，不可随意变更

学习计划既要有灵活性，又必须以基本不变为原则，这样才有利于养成良好的学习习惯。制订学习计划时要留有余地，一旦订好计划之后，就尽量不要随意更改。倘若把任何情况都看成是例外，随便变更计划，那就难以养成好的学习习惯，男孩的学习随意性就很大。

3.4 计划要渐进，不可凌节而施

学习计划是一个从简单到复杂的过程，要有长计划和短安排。长计划就是指一个学期要实现的一些大目标，短安排就是一周乃至一天所要实现的小目标。计划要参照教学进度，与教师教学进度相结合。依据目标由易到难制订切实可行的学习计划，比如，日学习计划，可为拖后腿的或感兴趣的功课多安排些时间。

确立的学习目标不要远远超出男孩能力，要根据男孩的实际学习水平，不可过高或过低。过高不仅难以执行，而且容易引起自卑感；过低则学业难以长进。

3.5 计划讲科学，考虑学习效果

（1）学习计划要与学习内容相匹配。在男孩心情愉快、注意力集中的时间段，安排不太喜欢的科目，在零星的、注意力难集中的时间，安排男孩最感兴趣的科目或做习题。

（2）要考虑内容相近的科目尽可能不连续学，避免互相干扰，影响学习效果。

（3）在长时间持续学习中，要注意中途休息10分钟左右，或穿插文体活动、家务劳动来调节男孩的大脑和四肢。

（4）计划要适合男孩个人的能力和特点。不要从父母的喜恶出发，更不要照抄别人的计划，必须考虑男孩的智力、学力、精

力、性格、志趣等是否与学习目的和方法相适应。

（5）不要安排太紧。太紧，会让男孩喘不过气来，甚至产生厌烦。学习乃文武之道，一张一弛，不会休息就不会学习。

3.6 计划定目标，量体裁好衣

父母应根据男孩的实际情况确立学习目标。具体的学习目标要根据男孩以往的学习情况、学科进度、喜恶科目等情况来决定。

3.7 计划要独特，寻找适合自己的

计划要以兴趣为出发点，考虑男孩的学习习惯和生活方式。

有人是"夜猫子"，有人是"百灵鸟"。别人的学习方式不一定适合你的男孩。适合自己的就是最好的。让男孩通过实践找出适合自己的学习时间，充分利用时间，达到事半功倍的效果。

3.8 计划要坚持性监督，有奖有罚

对学习计划的执行要做到持之以恒。首先父母要坚持，男孩才可能坚持。男孩执行计划的过程，也是训练他遵守规则、养成良好习惯的过程。有的计划是需要长期坚持的。比如，男孩每天抽出一定时间做大声朗读的训练。这种训练坚持一年半载，父母就会发现男孩较大地提高了语言表达能力、语感和词汇量、对文章的理解能力。

为了使计划不落空，要对计划的实行情况定期检查监督。可以制定一个计划检查表，把什么时间完成什么任务达到什么进度，列成表格，完成一项，就打一个勾。男孩按时完成计划可进行适当奖励，计划未能按时完成或质量不好，也应有相应的惩罚措施。

第四节　坦然谈性

引语

　　随着身体的突变，青春期的男孩对性的好奇和向往心理也空前发展。父母们在男孩7～10岁时就应该向他们大胆谈性爱，在他们身体发育的同时对性知识的渴望是无法阻止的，而且应该向他们解说性爱的整个内容。

1. 青少年的性心理

　　男孩在青春期间，由于性激素分泌的增多，性腺发育开始成熟，性机能迅速发展起来，开始有了性的冲动。在这一时期，他们的性心理主要表现为对性好奇和渴望。

　　而在性无知和道德的约束下，男孩子的性心理得不到正确疏导，因而长期受压抑并产生扭曲。他们或许通过偷看黄色小说、录像来"解惑"，又或许通过犯罪来"发泄"，这些方式都不利男孩的身心健康发展。

　　关于青春期男孩的心理问题，主要有以下几种表现，看看专家是如何分析并出谋划策的。

1.1 性心理问题一：手淫

一位高一的男孩，学习注意力不集中，心事重重，成绩开始下降，父母十分着急。在心理门诊室，这位男孩说，15岁的时候有一次他的下身起了皮疹，瘙痒难受，他就去摸，结果阴茎勃起，有东西排出来觉得"特舒服"。男孩说，自己不敢告诉爸妈，因为书上说这是手淫，对身体不好，结婚后还可能没有小孩，自己很想控制一下，但有时忍不住弄一下，十分悔恨，整天想这件事就影响了学习。

不少青春期男孩错误地认为手淫是不好的事，从而觉得自己是不好的人，在这种负罪感压力下，许多人的学习生活受到极大影响。

对这种情况，首先应帮助男孩端正对手淫的认识，手淫是青春期的一个正常性行为，是性生理发育和性心理发展的自然产物，它是一种正常的自慰行为。

一般来说，手淫本身并无特别的害处，也不会影响日后的性生活和生育。如果手淫太过频繁，沉溺于其中而不能专心学习，父母和老师要帮助其进行行为调整。常用的调整方法有转移注意力，比如听音乐，想自己感兴趣的事，或者在手上用力弹橡皮筋；注意锻炼身体，就寝前做适当的运动，上床后尽快入睡，早上醒来不要赖床不起。如果情况比较严重，可以向心理咨询师咨询或给予药物治疗。

1.2 性心理问题二：同性或异性间交往

一位男孩升入一所新学校高中后，在陌生的环境中，和初中学校一位认识的男校友关系十分要好，两人常在一起学习、吃饭。久而久之，同学们说他们是同性恋，别人说多了，这位男生想到男校友和别人要好，男生就不舒服，男生可能真的是同性恋了，不敢告诉父母，心里十分害怕，产生了厌学情绪。

青少年主动地与同性相处，发展友谊，有心里话主动告诉同伴，而不愿向父母吐露心思，这是正常现象，谈不上什么同性恋。

一位高一男同学咨询：老师在班上说我们班上的同学上课传条子，小小年纪就谈恋爱，这会影响学习。我因为学习上的问题也和同学传过条子，总觉得老师是在说我，从此不敢和女生说话，一有女同学找我借文具就不自在、紧张，十分压抑。

青春期的男孩在身体发育的同时，自然而然地想了解异性，想接近异性的欲望，这种需要是正常的，有的父母总认为这样不好，甚至乱戴早恋的帽子，这些都不利于男孩身心发育。

父母应注意培育青春期男孩与同性、异性交往能力，帮助其在与异性交往中把握自己，提醒他以友谊、学习为重。

1.3 性心理问题三"恋父母情结"

一位19岁的大一学生，从小喜欢母亲，一直与母亲同床而睡。上大学住校每周末回家还要和母亲同床而睡，不然就睡不着，情绪烦躁。

从心理学角度讲，每个人都有潜在的"恋父"或"恋母"情结，但随着年龄增大，社会角色、性别角色明晰，这种倾向会逐渐消失。如果青春期还表现出强烈的恋母恋父情结，则多属心理问题。

对于有"恋父母"倾向的男孩，要减少其与依恋一方的接触，对男孩进行社会性别角色再教育，学会与异性的交往，逐渐摆脱对父亲或母亲的过分依恋。

2. "秘密"的背后

在我国，由于传统的道德限制，人们对于"性"一词都是讳莫如深，遮遮掩掩。学校对于性教育通常一笔带过，父母对于孩子更是谈性色变。

但是，当男孩步入青春期，他们就对性产生了好奇和渴望。他们在学校得不到正确的性教育，在家里又不敢堂而皇之地问，就很容易"自寻出路"，惹祸上身。权威数据表明，目前中国未成年人犯罪中30%是性犯罪。

下面，就是一位男孩从优秀走向犯罪深渊的心路历程：

也老尿不出来。

妈妈一听儿子的话，顿时傻了眼，赶紧带孩子到医院检查。原来，小钟患了前列腺炎。

专家认为，随着社会的进步，青少年容易受电影、电视、杂志等因素影响，出现早恋、性冲动、长期手淫等现象不足为奇，加上学习上的心理压力，就很可能患上前列腺疾病。

青少年的前列腺炎发病还跟不良的饮食生活习惯有关，如喜欢食用辛辣食物、长期坐在电脑前打游戏、熬夜，并且酗酒、吸烟和不注意下体卫生，等等。因此，父母要给青春期的男孩足够的关心，帮助他们养成良好的饮食和生活习惯。并且，多找男孩谈心，及时给予"性"指导，让男孩避免性困扰，从而专注于学习。

3．远离烟酒

据世界卫生组织统计，最近几年我国20岁以下的青少年烟民人数将激增到2亿，而他们中至少有5000万人最终将死于与吸烟有关的疾病。烟草已成为直接危害学生身心健康的校园杀手。

上述专家们关于吸烟危害青少年健康的研究、调查和呼吁，并非耸人听闻。一位16岁少年因吸烟导致癌症的故事，就是一个深刻的例证：

16岁的中学生洪某，突然发现隆突上长出肿瘤。经检查，医生发现肿瘤已将他的左侧支气管堵严，其右侧支气管也只剩下一条小缝隙。手术难度很大，保证手术安全的麻醉尤其困难。医生们最后费了好大的劲儿才把他从"鬼门关"拽回。

这位少年之所以患此绝症，正是因为他过早、过多地吸烟。他是个烟民，已有两年多的吸烟史，一个月需要吸3条香烟。

可见，吸烟对青少年的危害何其大！可是，既然吸烟有那么大的危害，为什么吸烟的青少年人数却逐年增加呢？这可以从一位中学生的自述里找到答案。

我是一名中学生，今年上初二，有一件事情最近一直让我很烦恼。

我刚上初一的时候有几个好朋友，他们都吸烟。我知道吸烟不好，但是既然和他们是朋友，他们吸我不吸就好像不合群似的。而且我也觉得他们吸烟的姿势很帅，加上他们不断劝我，我最后就抵不住诱惑了。

随着时间的推移，我渐渐地发现吸烟给我带来了越来越多的烦恼。比如，爸爸妈妈不知道我吸烟，他们给我的零花钱根本就不够我买烟的，为了买烟现在我已经欠学校门口烟店好几十块钱了；还有，同学们知道我吸烟，都觉得我是个坏学生，以前的好朋友也不再理我。

我也想过要戒烟，可是我一看到那些朋友吸烟，我就又控制不住自己了。

由上可见，青少年吸烟多以好奇、模仿、交际需要为理由，其次是为了解闷、提神、显示自己成熟等。父母们要特别注意及时给男孩灌输吸烟的危害，让男孩远离烟瘾，健康成长。

青春期男孩子"显酷"的另一种表现就是喝酒。他们有时聚会，就是"以酒论英雄"，几个人喝几十瓶啤酒往往不在话下。但如果长此以往，势必影响他们的身体健康。酒后乱性，也更可能发生在自制力薄弱的青春期男孩身上。这也往往使他们误陷"犯罪"泥潭，而无法自拔。

总之，青少年远离烟酒，是健康成长的必备因素。父母们有非常大的责任，让男孩洁身自好，远离烟酒。这不仅是男孩的身体健康所需，更是一种心灵的呵护。

4．鼓励运动

随着生活条件的日益优越，中小学生养尊处优成习，实践活动和体育运动都明显减少，其身体健康状况堪忧。

学生身高、体重等形态指标增长显著，而肺活量、身体素质水平则显著下降，体质综合评价水平也在下降。据新闻报道，山东、大连和昆明等地都有中学生因跑步猝死的现象。

其实，"生命在于运动"，体育锻炼对青少年的身体有以下几点益处：

4.1 促进体格发育

青少年正处在长身体的时期，经常参加体育锻炼的青少年，体内新陈代谢显著增强，体力消耗与产热也都增加。研究证明，他们的身高、体重、胸围等指标的增长幅度可显著地高于不参加体育锻炼者。骨骼生长是体格发育的基础，小学和初中正值生长发育的突增阶段，此时期学生多做跑、跳、蹲、腾、跃等运动，可以活跃骨骺的微细循环，有助于钙磷矿物质的骨内沉积，促进长骨发育和身高增长。高中阶段已到青春发育中后期，腿骨已愈合；长高主要寄托于脊柱，如能多做单杠悬重、仰卧伸腰、跳跃摸高等锻炼，有望使身高继续增高5~10厘米。

4.2 促进神经肌肉发育

经常参加体育锻炼可以使青少年的神经细胞获得更充足的葡萄糖和氧气供应，保证大脑在紧张的脑力劳动中获得充分的营养，能显著地提高青少年神经系统的功能、反应能力和大脑工作能力，有助于提高学习效率。经常参加体育锻炼还是一种运动性的休息，能把因疲劳而降低的视觉、听觉感受力提高 30%，使学生学习起来精神饱满，思维敏捷。经常参加体育锻炼，可以通过对新陈代谢的直接作用，使肌肉获得更多的营养，有助肌纤维增长变粗，肌肉体积增大，弹性、肌力和耐力都得到增强。

4.3 促进心肺功能发育

经常参加体育锻炼，可以使青少年的心输出量增加。一般人安静时每搏心输出量为50~80毫升，而运动时可使之增加3~5倍；又可使青少年的心脏容积增大，一般人的心脏容积750~800毫升，而久经训练的少年运动员可达1000毫升；还可使心率减慢，这是心脏容积增大、心输出量增加、血管弹性增强的实际效应，能使心脏获得更多时间的休息；同时，经常参加体育锻炼可使青少年的冠状动脉得到很好的扩张，血脂类代谢物质在血管壁沉积减少，从而使青少年的心肌血流量增加3~4倍，对青少年预防动脉粥样硬化、高血压、冠心病等成人病非常有益。

此外，经常参加体育锻炼，还可使青少年呼吸肌变发达，肺活量增加，使机体供氧能力明显提高，上呼吸道疾病患病大大减少。

　　这些就是运动给青春期男孩的"恩赐"，父母们要鼓励男孩多多进行体育锻炼，而不至于做 "宅男"或"书呆子"。

　　总的来说，"少年强则国强"，我国青少年的体质问题已经是整个国家的问题，而不仅仅是某个小家庭的问题。不过，有家才有国，父母们在家鼓励男孩运动锻炼，也是在响应国家对男孩增强体质的号召，可谓任重而道远了。

中国艺术教育研究中心机构一览表（部分）

序号	名称	地址	负责人
1	中国艺术教育研究中心——广东办事处	广东省广州市天河区水荫四横路34号广东省文化厅大院演奏大楼B座207-211	温泉
2	中国艺术教育研究中心——湖北办事处	湖北省武汉市武昌区江北路楚天都市花园D栋29C	余红霞
3	中国艺术教育研究中心——佛山办事处	广东省佛山市祥城区汾江中路134号凌宇书屋五楼	曹紫桐
4	中国艺术教育研究中心——东莞办事处	广东省东莞市南城区三元路与元美路口美路108体育丰硕广场2705室	黄宇翔
5	中国艺术教育研究中心——广州番禺分中心	广东省广州市番禺区市桥康乐路108体育大厦2楼	邓明乐
6	中国艺术教育研究中心——白云分中心	广东省广州市白云区太和镇珊景步行街文化体育中心三楼舞蹈室	陈春花
7	中国艺术教育研究中心——佛山南海分中心	广东省佛山市南海区桂城江南名居会所二楼	余红霞
8	中国艺术教育研究中心——湖南邵阳巨星语言研究基地	湖南省邵阳市大祥区红旗路109号	陈莉娅
9	中国艺术教育研究中心——白云晨美术研究基地	广东省广州市白云区云城路68号保利白云山庄横云居C栋404	杜霞
10	中国艺术教育研究中心——广州善韵艺帆钢琴研究基地	广东省广州市番禺区星河湾恒心怡兆4栋一梯	宋磊
11	中国艺术教育研究中心——佛山伽俐德钢琴研究基地	广东省佛山市顺德区大良金沙大道恒翠新丰路48号三楼	陈亮平
12	中国艺术教育研究中心——佛山顺德德伦钢琴研究基地	广东省佛山市顺德区大良东乐路乐苑苑62	欧阳丹
13	中国艺术教育研究中心——佛山顺德金孔雀舞蹈研究基地	广东省佛山市顺德区大良东乐路乐苑苑62	周燕燕
14	中国艺术教育研究中心——东莞黎香小牛土舞蹈研究基地	广东省东莞市蔡步镇香市福乐得酒店3栋	吴嘉韵
15	中国艺术教育研究中心——广州红画室美术研究基地	广东省中山东区明晴轩27栋10卡	唐朝霞
16	中国艺术教育研究中心——中山镇德艺研究基地	广东省中山市古镇台一中兴大道的乐丰花园三期7号层层之2	陈小红
17	中国艺术教育研究中心——中山沙溪音乐之星钢琴研究基地	广东省中山市沙溪镇乐群村龙阳路7号	黄汉芬
18	中国艺术教育研究中心——东莞厚街金柯钢琴研究基地	广东省东莞市厚街镇东逢星苑16座203	关玲
19	中国艺术教育研究中心——东莞塘厦湖岬星舞蹈钢琴研究基地	广东省东莞市塘厦镇宏楼北路8栋A2号建盛市场3楼	袁美莲
20	中国艺术教育研究中心——东莞百丰城德瑞钢琴研究基地	广东省东莞市新村花园新村路星图119号（运河东一路段）	巫素娴
21	中国艺术教育研究中心——珠海香洲逸星舞蹈研究基地	广东省珠海市香洲红山路163号市体育中心东门体育馆一层	黎明
22	中国艺术教育研究中心——广州罗岗百年树人研究基地	广东省广州市萝岗区开创大道保利红山庄商业211栋逐梦翼舞蹈	朱艳玲
23	中国艺术教育研究中心——广州白云区艺姿玻璃钢琴研究基地	广东省广州市白云区江高镇江兴路113号	梁晓珍
24	中国艺术教育研究中心——广州白云区大源小学左侧研惠百货3楼	广东省广州市白云区大源小学左侧研惠百货3楼	陈桂莹
25	中国艺术教育研究中心——广州白云区飞歌舞蹈研究基地	广东省广州市白云区黄石西路格渼花园会所2栋	杨如珍
26	中国艺术教育研究中心——广州白云区大同和瑞舞蹈研究基地	广东省广州市白云区金沙洲中海金沙馨园兰街113号商铺	黄汉富
27	中国艺术教育研究中心——广州白云区金州钢琴研究基地	广东省广州市白云区同和路43号蟹山宗业有限公司大楼三楼	蔡婷
28	中国艺术教育研究中心——广州罗岗逸琴钢琴研究基地	广东省广州市萝岗区新港西路碧海嘉华御豪街苑会所	谢小霞
29	中国艺术教育研究中心——广州海珠玫瑰钢琴研究基地	广东省广州市海珠区新港西路碧海嘉华御豪街苑会所	罗艳丹
30	中国艺术教育研究中心——广州海珠隽花钢琴研究基地	广东省广州市海珠区南华东路怡安花园108铺隽乐路乐琴行	何卓君
31	中国艺术教育研究中心——广州海珠怡乐钢琴研究基地	广东省广州市海珠区怡乐路70号之七（祈乐苑公交站旁）	陈敬平
32	中国艺术教育研究中心——广州海珠桦室钢琴研究基地	广东省广州市海珠区沙渡路光大花园格霞1173.1172	刘丽
33			

（续表）

序号	名称	地址	负责人
34	中国艺术教育研究中心 广州番禺乐海皇家钢琴研究基地	广东省广州市番禺区钟村钟福广场首层30号	唐香
35	中国艺术教育研究中心 广州番禺四维美之星美术研究基地	"广东省广州市越秀区民生上路二横路12号101/广东省广州市番禺区雅居乐剑桥郡佰利山会所"	罗云
36	中国艺术教育研究中心 广州番禺壹缕舞蹈研究基地	广东省广州市番禺区桥南路大堤西路49号1座401	曾佩贤
37	中国艺术教育研究中心 广州少山钢琴研究基地	广东省广州市番禺区华南碧桂园碧翠2座G08	吴艳
38	中国艺术教育研究中心 广州番禺蓄音钢琴研究基地	广东省广州市番禺区大石镇建华路五巷一号城联大厦308	吴辉国/李祥球
39	中国艺术教育研究中心 广州番禺弦音钢琴研究基地	广东省广州市番禺区市桥西城路138号	向婷
40	中国艺术教育研究中心 广州天河鸿鹄舞蹈研究基地	广东省广州市天河区水荫四横路34号广东文化厅演音大院演音大楼B座208	李晓鸿
41	中国艺术教育研究中心 广州花都花采钢琴研究基地	广东省广州市花都区狮岭教育路东路清渌狮街2号	罗玉芳
42	中国艺术教育研究中心 广州南沙星月钢琴研究基地	广东省广州市南沙区金洲富佳南街3号	陈娟
43	中国艺术教育研究中心 广州荔湾蒙艺研究基地	广东省广州市荔湾区环市西路48号永安居1211A	刘子艺
44	中国艺术教育研究中心 深圳宝安音乐研究基地	广东省深圳市宝安区松岗镇松明大道159号-161号	陈小艺
45	中国艺术教育研究中心 深圳宝安轻歌飞扬舞蹈研究基地	广东省深圳市宝安区松岗街道文化艺术中心培训部	钟海燕/赵支杰
46	中国艺术教育研究中心 珠海香洲艺舞飞扬舞蹈研究基地	广东省珠海市新香洲敢业路51号繁丰大厦213	刘静
47	中国艺术教育研究中心 肇庆瑞礼舞蹈研究基地	广东省肇庆市端州区建设二路厚岗招商第十层1001室	敖秀英
48	中国艺术教育研究中心 佛山祥城救家蓓路研究基地	广东省佛山市江湾路46号一楼	侯莹莹
49	中国艺术教育研究中心 佛山祥城花园钢琴研究基地	广东省佛山市同济西路12号新一佳超市首层33号铺	姜曼
50	中国艺术教育研究中心 佛山祥城小小音乐声乐研究基地	广东省佛山市禅城区石湾街道奎澜北路惠雅苑十二号53号铺	伍彩萍
51	中国艺术教育研究中心 佛山祥城新理念钢琴研究基地	广东省佛山市南海区普君新城君北路5号2P12铺	石红
52	中国艺术教育研究中心 佛山顺德皇家舞蹈研究基地	广东省佛山市顺德大良锦上路碧桂园62，63号铺	何丽娜
53	中国艺术教育研究中心 佛山顺德悠雅舞蹈研究基地	广东省佛山市顺德区勒流镇城9号	吴小寨
54	中国艺术教育研究中心 佛山高明星韵舞蹈研究基地	广东省佛山市高明区高明飞跃华路	廖秀霞
55	中国艺术教育研究中心 佛山高明星语舞蹈研究基地	广东省佛山市高明区白石工业区	冯晓路
56	中国艺术教育研究中心 佛山南海天天舞蹈研究基地	广东省佛山市南海区西樵江滨花园166号二楼	张灯
57	中国艺术教育研究中心 佛山南海轻歌飞扬舞蹈研究基地	广东省佛山市南海区盐步时代广场D124	李飞扬
58	中国艺术教育研究中心 佛山南海梯枫钢琴研究基地	广东省佛山市南海区桂城江南名居锦苑商铺	张丹薇
59	中国艺术教育研究中心 中山东区领琴研究基地	广东省中山市东区明明街27栋7干	董燕询
60	中国艺术教育研究中心 中山西区加百利钢琴研究基地	广东省中山市名岐西升华路15号名仕经典世家花园B003卡	肖曼婷
61	中国艺术教育研究中心 中山沙溪缘星舞蹈研究基地	广东省中山市沙溪镇龙瑞阳路22号之一四楼1卡	李素榕
62	中国艺术教育研究中心 中山东城金乐钢琴研究基地	广东省中山市东城中惠山峰名校风情211-212	夏江
63	中国艺术教育研究中心 东莞长安贝多纷钢琴研究基地	广东省东莞市长安镇中山路金全华商务公寓5楼	罗娟
64	中国艺术教育研究中心 东莞横沥天使舞蹈研究基地	广东省东莞市横沥镇中山路对面金华商务公寓5楼	陈胜利
65	中国艺术教育研究中心 东莞蒙步蒙之舞舞蹈研究基地	广东省东莞市蒙步镇晶峰蓝筑之舞艺术中心	畅艺明
66	中国艺术教育研究中心 东莞南城小村钢琴研究基地	广东省东莞市南城区万科金域华府二期4号楼商铺303（宏图大道21号）	江曙光

备注：联系电话 400-823-7088；020-87028893

6.4.4 聚落体系特征

处于山地中的侗族聚落在长期发展中形成不同的聚落体系。黔东南侗族聚落体系由许多小型村寨构成，由于村寨数量众多，它们构成了一个稠密的网络，以"洞""款"等形式组织，形成由众多村寨构成的聚落体系。这种形式，在侗族社会历史的发展与社会构建中都起了积极的作用，但随着时代发展，洞款组织形式也在发生变化，但依然是影响其聚落体系的重要因素。

6.5 乡村景观遗产价值的阐述

6.5.1 在历史进程中不断演进的景观

黔东南地区侗族先民为了生存不断迁徙，最后安顿于山地环境之中。随着技术的进步和环境的改变，村落和民居也在不断发展，形成独具特色、不断演化的营造技艺和文化景观。侗族村寨是侗族人适应自然、与环境和谐共处的传统人居生活方式的代表，也是近一千年来侗族人土地资源可持续利用的杰出范例。侗族人顺应环境的同时也在影响着环境，直至今日仍保持着这种良性互动。经过数百年的不断演化，黔东南侗族乡村景观一直处于不断演进的状态，历久弥新。

6.5.2 与民族历史和社会组织相结合的景观

侗族在发展过程中先后经历迁徙、选址、初辟、经营、调适、拓展到建立社会组织的全过程。从迁徙到定居的演变中，侗族先祖在战乱纷飞、气候灾害、人口增多、科技落后的艰苦条件下寻找到适合生存、繁衍的河谷地区，再从平坝引流开渠、顺应地形开辟耕地开启"山地稻耕"的生计模式，不断发展技术以适应生态的变化，创造出复合农业生态系统。侗族在与自然的长期互动中完成了生态适应过程，同时产生了具有社会适应性的组织结构，形成了以"款"为核心的社会管理制度和以"萨"为核心的传统信仰体系。在这些核心价值的影响下，侗族村寨以鼓楼为村寨象征，民居围绕其展开，形成了山—水—林—田—村的聚落结构。这些特征与环境相适应，造就其独特的人居环境构建及与社会组织和结构密切互动的聚落空间。这些文化遗产特征为侗族村寨乡村景观遗产的保护和传承提供了重要的参考。同时，依据侗族村寨文化遗产特征，可以为西南山地民族传统聚落的可持续发展提供宝贵的经验和启示。小款与大款、与侗族"祖先歌"等历史文献、民族志材料相对应的聚落体系不同的体系构建，展现了其社会组织与侗族人居的空间体系的适应。

6.5.3　极具美学价值的村寨建成环境景观

侗族人民凭借自身聪明才智顺应自然创造出各种具有鲜明乡土特色的建筑体系，独具特色的鼓楼、风雨桥、萨坛、民居建筑世世代代保存下来并且集中体现了侗族聚落的传统建筑技艺和文化景观。侗寨向心性强的空间结构与特征强烈的标志物、风貌一致的吊脚楼民居巧妙结合，体现出村落与自然环境的和谐共生，独具民族特色的建筑风格成为地域建筑文化的杰出代表。在岁月的沉淀中，黔东南侗族人民适应当地山地地形与自然条件、加以适度改造形成的梯田，还形成一整套的高山稻作生计模式。侗族聚落的梯田、森林、村寨结合与周围山水环境共同营建了"山—水—林—田—村"的整体空间格局，形成了和谐共生的农业生态系统，创造出人与自然相协调的大地景观，极具美学、学术以及文化价值。

6.6　总结

　　侗寨是侗族人民传统聚居生活方式的典型代表，也是侗族人民与自然千百年来和谐共生的杰出范例，集中体现了侗族人民在长期的生产和生活实践中的生存智慧，是传统农耕文明的宝贵遗产。侗族村寨从起源、迁徙到选址定居，经历了千百年的历史巨变，但如今依然存在，为传统文化保护传承提供了鲜活的例证，成为中华民族共同体的重要组成部分。本章从人居遗产视角出发探讨黔东南侗族的乡村景观特色，认为黔东南地区侗族具有显著的山地乡村景观特征，在历史的演进过程中逐渐形成了与环境相适应的人居环境构建，与社会组织和结构密切互动的聚落空间，具有突出乡村人居遗产的价值。但是，黔东南侗族聚落仍然面临许多挑战，例如人口空心化、传统生计衰落等，在发掘其背后的价值后，应进一步加强对乡村遗产的保护、传承和利用。

构成内聚向心的簇团状形态，组成一个小的组团。随着时间推移，村寨人口不断增加、村寨规模扩大，一些规模较大的村寨逐渐分出部分人口进行搬迁，开拓新的村寨，又形成新的组团。

侗族村寨选址于依山傍水、地形复杂、气候湿润的山区，这种自然地理、气候特点使得村寨与溪水之间的关系十分密切。溪水一般环绕村寨流过或者从村寨之中穿过，前者布局特点在于周边三面临水，既保证了生产、生活取水的便捷，水岸又限定了村寨的空间范围，起到了防护作用（图6-3）；后者特点体现于溪流穿过村寨，民居沿河布局，这种水系与建筑之间因地形和位置发生变化而产生灵活可变、机动性强的关联，从而增加了建筑物的临水面，方便用水，也使得其乡村形成特有的景观特色[14]。侗族人民长期以来的生存模式使得他们具有很强的群体意识，河道之上的风雨桥也成为聚落边界的重要标志物。

6.4.3 村寨与周边环境特征

普遍认为侗族原是古越人中的一部分，在历史上经过多次迁徙，最终抵达湘、黔、桂毗邻地区定居。榕江县的《天府侗迁徙歌》唱道："甲午年从那儿出发，乙未年才到这个

图6-3 增冲寨平面图

地方"，唱述了侗族先民对"家园"的眷恋，同时也表达出自然山水作为选择家园的重要标准，特别是水"成为决定生存空间价值的核心"[17]。经过迁徙演变，侗族逐渐在山地中定居，并且总结出一套山地聚落选址建构的法则。侗族村寨多位于山区河谷地带，周围有丰富的森林和河流，这些自然资源为村民提供了丰富的食物和水源以及防御的需求，同时周围的山水林田也为村民提供了可持续的农业和林业发展的机会。因此，聚落选址依山傍水，顺应地形而展开，民居建筑随之衍生，从而形成具有独特韵律的、有序的、协调的风貌。

黔东南侗族聚落演化出了一种"山—水—林—田—村"于一体的垂直生态系统。村寨位于低处河谷地带，附近由群山环抱，山上林木丛生，为村寨涵养水源，河流有时围绕村寨有时从村寨内穿过，为村民生产生活用水提供便捷，梯田位于村寨边缘与山林之间的平地，是侗族人民稻田耕作的地方。山、水、林、田、村，这5个要素相互依托相互影响，构建了一个和谐可持续发展的垂直生态系统，形成了一种山地人居环境的典型类型。村寨与周围的山水林田共同构成了一个独特的、自然与文化相互融合的乡村景观（图6-4）。

图6-4 增冲寨鸟瞰照片

参考文献

[1] 邵甬，胡力骏，赵洁，等. 人居型世界遗产保护规划探索——以平遥古城为例[J]. 城市规划学刊，2016（5）：94-102.

[2] 肖竞，曹珂. 英国城市更新进程中历史环境保护的观念流变与制度解析[J]. 西部人居环境学刊，2019，34（6）：9-17.

[3] 张杰，何仲禹，徐碧颖. 英国建筑遗产保护的立法与管理[J]. 北京规划建设，2008（5）：160-164.

[4] 吴云，沈济黄，徐雷. 日本"传统建造物群保存地区"制度中的调查研究工作机制及其对我国的启示[J]. 国际城市规划，2011，26（1）：77-81.

[5] 肖竞，曹珂. 英国城乡历史环境保护的要素类型与操作方法[J]. 南方建筑，2019，（1）：19-25.

[6] UNESCO. Dong Villages [EB/OL]. https: //Whc. Unesco. Org/En/Tentativelists/5813, 2023-06-13.

[7] 高倩，赵秀琴. 黔东南地区苗族、侗族民居建筑比较研究[J]. 贵州民族研究，2014，35（9）：52-55.

[8] 王贵生. 黔东南苗族、侗族"干栏"式民居建筑差异溯源[J]. 贵州民族研究，2009，29（3）：78-81.

[9] 赵巧艳. 中国侗族传统建筑研究综述[J]. 贵州民族研究，2011，32（4）：101-109.

[10] 满德如，黄经南，王国恩. 西南地区侗族村寨空间形态研究——以黔东南肇兴侗寨为例[J]. 现代城市研究，2015，（8）：117-126.

[11] 李晓丹，兰婷，杨灏. 黔东南传统村落保护和发展研究——以侗寨为例[J]. 中国名城，2013，（7）：64-67.

[12] 龙初凡，周真刚，陆刚. 侗族传统村落保护与发展路径探索——以黔东南黎平县为例[J]. 贵州民族研究，2017，38（1）：83-88.

[13] 杨长泉. 民族习惯法的价值评价标准研究——以黔东南苗族侗族自治州苗族习惯法为例[J]. 贵州民族研究，2012，33（2）：8-11.

[14] 范俊芳，熊兴耀. 侗族村寨空间构成解读[J]. 中国园林，2010，26（7）：76-79.

[15] 杨国仁. 侗族祖先哪里来[M]. 贵阳：贵州人民出版社，1981.

[16] 陈筱，韩博雅. 坪坦河流域侗族村落的空间、仪式与社会组织——兼探乡土遗产的系统保护[J]. 建筑创作，2020（2）：164-171.

[17] 王红. 四维的生态和合之美：侗族古歌研究[J]. 中央民族大学学报（哲学社会科学版），2019，46（2）：150-156.

（本章部分内容已刊载于《北京城市规划》2024年第2期）

没改，小毛病不断，于是父母与男孩之间容易产生说教与反说教的"斗争"。"斗争"久了，男孩为避免不尊敬父母的"罪名"，就选择以沉默作为无言的抵抗。

而有的男孩进入青春期，虽然没有与父母发生冲突，但也突然变得沉默寡言起来，这只是男孩对自身发展特点的一种适应方式而已。

5.3 鼓励男孩与人交流

青春期的男孩有个矛盾点，就是他们一边希望找到"知音"获得认可，一边又羞于表达自己而表现得内敛沉默。有些男孩虽然在家里沉默，但在学校就跟同学朋友畅谈无阻；但有些男孩天生内向，到了青春期就更加隐藏自己，变得更加不合群。

如果是在家沉默的男孩，父母可以慢慢地找到与男孩的共同话题；而对谁都沉默的男孩，就需要父母更多的关心和引导，不断鼓励他们多与人交流，甚至创造条件让他们多交朋友。

比如，鼓励他多参加集体活动，多带他到朋友家跟朋友子女交流，或者多带他们出去旅游，让他们在旅游中收获友谊。

鉴于青春期男孩情感情绪的特殊性，父母应该理解并接纳男孩的沉默，暂时给他一个独立思考的个人空间，并在适当的时候听听他们的心声，让男孩更好地适应身心变化和更快地恢复"正常"，生活学习两不误。

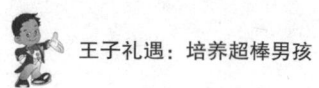

第七节　维护健康

引语

　　青少年的营养和膳食与成年人的最大不同之处在于，其能量和营养素的供给量在满足基本生理需要的同时，还需满足生长发育的需要，其中包括身体和智力两方面成长的需要。

1. 饮食健康

　　青春期的男孩，正处于发育关键期，身高和体重都在迅速增长，对营养物质消耗大，需求多。这时如果营养不足，会出现疲劳、消瘦和抵抗力降低等现象，影响生长发育和身体健康。为此，父母要为男孩做到以下几点：

1.1 满足热量的供应

　　有人研究，青年人热量的需要比成年人要大25%～50%，所以要满足热量供给。热量的来源主要取决于糖，而糖的来源主要是主食，而主食上的一些粗粮并不比细粮含糖少。

　　所以，主食要做到粗细粮搭配、花样翻新，如水饺、包子、馄饨、面条、馒头、糖饼、米饭、小米、绿豆粥等。这对于补充机体需要的糖分所产生的热量是大有裨益的。如热量不足，还要吃一些热量高的食物，如脂肪和糖类。

1.2　要讲究蛋白质的质量

　　从营养成分来讲，蛋白质对青年尤为重要，因为各器官的发育，"原料"的储存，主要来源于蛋白质，性腺的功能、抵御疾病的能力以及高级神经系统活动，都和蛋白质有关。因而在饮食上，要增加富含蛋白质的蛋、鱼、肉及豆类食物。

　　对青少年的蛋白质的供应，不仅要满足数量，而且还要讲究质量。所以，在膳食中至少也要有1/3的优质蛋白质。

1.3　供给足够的无机盐

　　青少年的骨骼正在生长发育之中，需要大量的钙和磷。如果钙和磷缺乏，就可能产生轻度佝偻病和骨质疏松症。铁供应不足会发生贫血，碘供应不足，会出现粗脖子病等。因此，要每天为青少年供给1000～1200毫克钙。

　　其中，含钙较多的食物有奶类、鱼、虾、排骨汤、鱼汤、豆类等；含磷丰富的食物有牛奶、鸡蛋、大豆、鱼类、肉类等；含铁丰富的食物有鱼子、芝麻、蛋黄、动物肝、腐竹、花生等；含碘丰富的食物有海带、紫菜、海鱼等。

1.4　供给充足的维生素

　　青年时期维生素的需要量也是非常大的，特别是维生素A、维生素B、维生素C、维生素D的摄入更为重要。维生素A、D对骨骼的发育起重要作用，维生素B、C则促进生长和发育。每天供给量为：维生素A2200国际单位，维生素D400国际单位，维生素C80～90毫克。

含维生素A丰富的食物有肝、鸡蛋黄、牛奶等，绿色蔬菜中含的胡萝卜素能在人体内变成维生素A；含维生素D丰富的食物有鱼肝油、动物肝、鸡蛋黄等；含维生素C丰富的食物有新鲜蔬菜和水果，如柿子椒、西红柿、豆芽、橘子、山楂等；含维生素B1丰富的食物有瘦肉、肝、粗粮、酵母、黄豆、葵花籽等。

2. 谨防前列腺 "男题"

近年来，前列腺炎已成为威胁男性健康的头号杀手，一旦发病，将危害男性的整个生殖系统健康，并导致精囊炎、膀胱炎、男性功能障碍和不育症等疾病，甚至发展为慢性肾炎和尿毒症。

不过，如今前列腺炎不再是成年男性的专属"男题"，青少年因为生活习惯等因素也容易患前列腺疾病。

小钟是一名高二年级的学生，他当时以优异成绩考入重点中学，成为父母的骄傲。可是，有一段时间他发生了变化：他不再爱跟妈妈说学校的事，回到家就把自己关进房间，甚至上厕所都要很久才出来。

看到小钟的这种变化，妈妈心里别提有多着急，可又不知如何去问儿子。更让她心寒的是，儿子的成绩下滑很厉害，一次考试中连最优秀的数学也只考了60多分。于是，她再也忍不住了，就找儿子认认真真地谈心。

一开始，小钟支支吾吾，什么也不愿说。后来，在妈妈动之以情、晓之以理的劝说下，他终于说出实情——下体不舒服，上厕所

　　当事情告一段落之后，我认为我改了。因为我害怕牢狱之灾，也害怕失去自由，所以我常常告诫自己要引以为戒，不要重蹈覆辙。但是事实往往不像你想象的那样，我再一次跌进大墙之内。这一次我不知将要面对多高的刑期。但是政府再一次挽救了我。我只被判了6个月，很快就要刑满释放了。我很高兴，但是高兴之余我非常明白这次是政府给我的最后一次机会，我一定要把握好。我还知道，这次的入狱对父母的打击是多大，我要出去挽救他们破碎的心。

　　妈妈因为我的事病倒了，爸爸老了许多，也瘦了许多，我也就更下定决心要让他们晚年的生活更加幸福。出狱后父母对我更是疼爱有加，让我感受到有这样的父母是上辈子修来的福气。父母并不是很富裕，但是他们还是从牙缝中挤出钱来为我买了电脑。父母的目的很简单，就是让我能够改掉恶习。我也懂得羊羔跪乳、乌鸦反哺这么简单的道理，但是这次我又没有做到。

　　现在的我非常恨自己，为什么不给自己多一秒时间考虑，（否则）事情就不会走到如今的地步，自己应该以正确的态度面对性问题，不应该选择很极端的方式解决性方面的需求，不应该把自己的快乐建立在别人的痛苦之上。做这样事情的人是没有人性的。

　　这次进来我想了很多，出狱后该如何立足社会，出狱后父母又是如何的态度？我还有下一次吗？我现在连自己都不敢相信我自己，如何叫别人相信我。

　　但是我要对世人说，我一定会爬起来的，我不是这么容易被击垮的。我一定要重塑信心，回到以前的"我"，父母眼中的乖孩子，亲朋好友眼中的好孩子。

　　这个男孩的悲剧根源，就是在于没有及时得到性教育。从进入我出生在一个工薪家庭中，是家中的独子。父母对我是百般爱护。我是父母在这个世界上唯一的希望，他们希望我能够出人头地，做人上人。

　　在我很小的时候，我就知道，要使我们的家庭走出贫穷，就要靠我一个人。所以在上小学的时候成绩总是好的。我父母也很高兴，在亲朋好友面前也能挺起腰杆。亲朋好友始终在我父母面前夸我是一块读书的料，以后必定能考上大学。父母一听这话笑得合不拢嘴，这样一来他们对儿子的期望就越来越高。

　　可是令我父母出乎意料的是，自从我上了中学以后，我的成绩就一落千丈，从好生变成了差生，从老师眼中的"三好学生"变成了调皮捣蛋鬼，就这样混了一年。进了初一后，我对异性始终充满了好奇，但是没有人为我解开对异性的好奇，我始终处于一个朦胧状态，始终想问父母关于性方面的知识，但是又害羞害怕不敢问父母。学校这方面也没有给太多的答案，我知道关于性方面的知识唯一的途径只有从同学口中得知。有时候我会主动问同学关于性方面的知识，因为我感到和他们年龄相仿，敢于开口问他们。我觉得我们同龄人之间渴望对性方面知道得多一些，所以我认为跟同学之间谈论性方面问题没有隔阂，而对于父母和老师始终不敢迈出第一步。

　　好奇一天天地积累以至堆积成山，使我在无聊的时候就开始幻想性行为。但是没有想到通过正常途径解决。终于在初二暑假的一天，可怕的事情发生了。我第一次感觉到和异性"亲密接触"的感受。因为是第一次，所以非常害怕。但是害怕之余却是舒适，还解决了我许多好奇的问题，就这样我有了第二次。第二次我没有任何害怕，胆子也越来越大，很快有了第三次。直到东窗事发那天我才认识到自己问题的严重性。

青春期的初中开始，他就开始对性产生好奇，可学校和父母都不能给他应有的引导，使他找不到正确的排解渠道，以致他后来"自寻出路"，惹祸上身。

由此可见，及时对男孩进行性教育，对青春期男孩的身心发展都有重大意义。

3．何时进行性教育

关于男孩性教育的问题，不同国家有不同尺度。那么，父母该什么时候给男孩谈性是合适的呢？我们不妨先看看国外的做法：

3.1 荷兰：孩子在餐桌上和父母讨论

荷兰人在孩子6岁进小学时，就开始进行性教育。与学其他课程一样，孩子们还可以自己做研究报告，甚至在餐桌上和父母讨论这方面的话题。

3.2 马来西亚：用图画向小学生进行性教育

马来西亚人是通过图画对孩子进行性教育。他们因为考虑到小学生的理解能力，就用一些有图画的小本子，展示人的身体图并对孩子宣传保护自己身体的知识。

3.3 日本：从小学一直教到高中

日本学生的性知识主要从学校获得，小学、初中里一年中有1~2个小时的特别讲座，是对学生讲解有关性知识的；高中时是在体育保健课和家庭生活课里都有性教育的课程。

3.4 新加坡：多媒体教育

2004年，新加坡教育部制定了一个系统的性教育方案，即多媒体性教育教材《成长岁月系列》，对小学高年级、中学和中学以上的学生进行性教育。

3.5 瑞典——性教育的典范

瑞典从1942年开始就对7岁以上的少年儿童进行性教育，教师采用启发式、参与式和游戏式的教学方法。最直接的结果就是：瑞典性病的患病率极低；20岁以下女孩子怀孕生育的情况几乎没有；出生率和死亡率明显下降；堕胎率超低；性病和性犯罪比例也不断下降。

可见，国外一般是从幼儿时期就开展性教育。而我国的性教育却一直处于滞后状态，甚至青春期的性教育也不尽如人意，这主要是因为受了我国几千年来封建传统性观念的束缚。

其实，父母应该在男孩进入青春期之前，就对之进行性教育。而在小学二三年级就对男孩进行性知识教育非常合适，那时讲阴茎、阴道、子宫就像讲杯子一样，对他们来说都是知识。

而当男孩从小就对性知识有所了解，性对他们来说便不显得太神秘，他们的好奇感和"尝试欲"也都会得到抑制，从而可以避免进入青春期后的惶恐不安和盲目冲动。这样，对青春期男孩的身心健康发展和学习精力保持有极大帮助。

4. "开口"也不难

关于男孩的性教育问题，越来越受到父母们的关注。可是，具有根深蒂固的道德观念的中国父母，如何开口向男孩谈性呢？专家有如下几个建议：

4.1 简洁直接不要神神秘秘

父母在回答男孩的性问题时，要平静、坦诚、态度自然。回答可以简单点，关键不要给男孩造成心理压力，尽量避免让男孩产生性神秘感和羞耻心。比如，回答2～3岁男孩关于生殖器是什么的问题，父母的态度应该像告诉男孩哪是耳朵，哪是眼睛那么自然。当男孩问这类问题的时候，他并不是想知道生殖器的性功能，只不过是想知道正确名称而已。越是躲躲闪闪，越加重男孩的性神秘感和好奇心。

4.2 轻松自如不要正经八百

美国专家皮尔萨博士说："永远不要正式谈'性'"，性教育应该是机会教育。父母也不应该在性教育的时候，像老师上课一样，老是想着一次把全部知识都抖给男孩。父母谈论性问题的表情语气越严肃、越正经反而会让男孩感觉越不自然。看电视、报纸、杂志时遇到有关情景其实都是合适的时机。

和男孩交流性问题的时候，平等、幽默的口吻甚至于调侃的方式都是合适的。和男孩做朋友，谈谈自己经历的青春年代的"故事"，男孩会很感兴趣，一下子就和你拉近了距离。你可以把自己经历过的事情讲给男孩听，碰到合适的话题不妨父母一起交谈，让男孩感受到"性"不是件让人羞耻的事情。

4.3 更新观念不要固步自封

　　父母给男孩进行性教育前不妨平时多看看相关书籍，因为男孩的任何性问题的提出都是很偶然的，并非在特定时间出现，父母平时的积累可以在回答这些问题时，不至于手忙脚乱。总之，与青春期的男孩坦然谈性，是一种很好的亲子沟通方式。很多时候，男孩的沉默往往是性心理受到压抑而导致的。父母与他们开诚布公地谈性，会让他们感觉到自己已经长大，也应该为自己的行为负责任，从而避免因无知、盲目而做蠢事。这样，男孩也能更专心于学习，而不需要为"性"烦恼。

第五节 避免偏激

引语

　　随着人们心理健康知识的增加和心理健康意识的提升，越来越多的"心理问题"成了人们关注的焦点，偏激心理就是其中之一。所谓偏激，就是观点、意见和主张过火、片面。这种偏激心理，又往往是青春期男孩们的共同问题。

1. 偏激缘何

　　偏激，是一种片面的、扭曲的心理特点。青春期的男孩往往表示得愤世嫉俗，这就是他们的偏激心理在作祟。究其原因，主要有以下几方面：

1.1 知识经验不足，辩证思维欠缺

　　青春期的男孩由于生活经历简单，知识经验不足，辩证思维欠缺，往往不善于一分为二看问题，而是抓住一点便无限夸大或缩

小，以为知道事物的全部或本质，从而做出错误判断。这种以偏概全、妄下结论的表现就是一种偏激。所以，多让男孩看书、旅游和同大人探讨社会问题，就可以减少其偏激情况。

1.2 身心特点决定

进入青春期以后，男孩子内分泌功能迅速发展，大脑皮层及皮层下中枢的兴奋度常迅速地增强或减弱，使他们情绪波动不安。他们心理上也开始对自己的社会地位有所要求，希望同大人一样受到尊重和具有决策权，改变自己在家里和学校的从属地位，并且反对大人强加给他们的观念。他们还开始对自然世界、社会生活、人际交往等问题进行思考，并形成了一些自己的看法。不过由于阅历浅薄，他们往往显得偏激和冲动。

所以，当男孩进入青春期，大人就要多尊重男孩的隐私、多像朋友一样跟他们探讨生活或社会问题，帮助他们增强自主自强能力和避免其冲动犯错。

1.3 人格障碍导致

男孩心灵脆弱敏感，困惑不安，这就需要父母的关爱呵护和

调节疏导。但如果他长期受到冷落忽略，得不到应有的温暖和引导，就会渐渐形成人格障碍。而人格障碍，往往是偏激行为的"温床"。

所以，关心爱护男孩是父母的天职。如果男孩偏激反抗，父母就应该好好反省自己，从而调整教育方式，让爱感化男孩的偏激心理。

1.4 不良的成长环境和生活体验

如果经常和男孩生活在一起的人患有类似疾病或不良心理，就会被男孩无意中模仿；生活中的突发事件过多，导致的大喜大悲等强烈对比心理难以及时释放以及不当的家庭教养方式都可能诱发偏激心理的出现。

2. 偏激酿祸

社会上很多悲剧，都由偏激心理造成。有的妒忌心强的偏激者，自己得不到的东西，也不让别人得到，于是便有了破坏或"同归于尽"。有的男孩由于理解上的偏激，对父母或老师的批评不能忍受，冲动之下就轻生，酿成悲剧。

而单亲家庭是一个残缺的家庭，往往对男孩造成不可弥补的伤害。比如，在单亲家庭里，男孩要么缺少父亲的坚实支持，要么缺乏母亲的柔性引导。因而，这样的家庭中男孩大多有人格障碍，偏激行为也更加明显。

有个孩子，父母不和闹了好几年，离异后，他由母亲抚养。不负责任的母亲整天打牌跳舞，寻欢作乐，对孩子不闻不问。他在父母离异前饱受了不安和恐惧，父母离异后，得到的不是心灵的抚慰，而是进一步的摧残，因而有时情绪十分消沉，有时则显得十分狂躁，上课有时突然无缘无故地怪叫、长啸，而对那些能享受到父母疼爱、家庭幸福的孩子，产生一种莫名的嫉妒和恶意，常常不由自主地掐他们的脖子，揪他们的头发，蓄意毁坏他们的新书包、新衣服、新文具，以发泄内心的不平。

显然，这个男孩已经由父母之爱的缺失演变成人格方面的缺陷，其粗暴破坏行为就是偏激的表现。

3. 轻生不容忽视

男孩的偏激行为，不仅表现为伤害别人破坏公物，还会表现为自残或轻生。

据新闻报道，某中学的一位初一学生在自家的阳台上上吊身亡。

据说，这位孩子念到初一时，身高只有1.40米，经常受到同学的指点嘲笑。加上学习成绩不好，老师和父母都少不了对他的批评。在这样长期的自卑心理作用下，他变得越来越沉默寡言，越来越"惹人嫌"。直到有一天，班主任给父母打电话"告"他逃学，而父母气急败坏回到家时，才发现儿子已经结束自己的生命了。

男孩如此轻易地结束自己的生命，谁的错呢？"天生我材必有用"，每个人来这世上都是有意义的。如果父母与教师不能让男孩感受到自己存在于世的价值感，还是称职的么？

关于男孩轻生的事迹，已是历历在目。就在2014年某月某日里，某市有三起中学生自杀案例。究其原因，多由于学习压力沉重、受不得父母或老师的气。

比如，有的孩子经常对老师或父母扬言道：你再逼我，我就去跳楼了。甚至有的孩子自杀前，竟然留下这样的遗言：妈妈，我这次又考不到那个分数，我放弃了。

处于青春期的孩子轻生得如此轻易，不得不叫父母与教师们惶恐。怎么办？难道男孩就管不得了吗？不妨看看以下的建议和对策吧。

3.1 耐心倾听，及时开导

现在的男孩，大多娇生惯养，心理素质薄弱，抗挫能力极差，动不动就闹死闹活。父母只有在男孩遭遇情感挫折时，耐心倾听男孩的真实想法，并给予及时的开导鼓励，才可以让男孩重拾信心去继续前行。而如果男孩在学校受到"委屈"后，回家仍要听父母的"数落"或"幸灾乐祸"之言，他就很可能更加失望，乃至绝望，便以"死"来寻"出路"。

因此，父母对男孩的爱不在于过，而在于适——适量与适时。平时，父母可以放手让男孩自己做事，关键时刻却不能吝惜关爱。

3.2 帮男孩缓解学习压力

可以说，学习压力大，是造成青春期男孩苦恼的最主要因素。随着学习科目的增多，作业的量度和难度增大，男孩往往会有种窒息感。一些在小学时成绩优秀的男孩，上了中学则可能成绩突然下滑，这样的差距又造成他们的心理落差，甚至有一种由"宠儿"到"弃儿"的悲伤感。这时，如果父母对男孩诸多不满，而不是帮助男孩寻找原因，以求改善，那么男孩就会变得更加的悲哀、无望，乃至沉沦。

面对青春期男孩沉重的学习压力，父母首先应表示理解，再为男孩找出学习的意义和动力，让男孩乐意去为自己争光。

3.3 善待男孩的性需要

青春期男孩的性心理的空前发展，是每位父母要给予理解和尊重的。父母不要轻易评判男孩对异性的好感，而是要跟男孩开诚布公地谈性。父母应让男孩对自己的性心理有个正确认识，而不至于陷于不安或羞愧。这样，男孩对性的神秘感消除了，就更可能专注于学习。

而有的男孩即使已经有了心仪对象，父母也会跟他分析爱情婚姻的真正意义——互爱互助。这样，男孩更愿意把"爱"变为学习动力或者与"她"相约考取高校。

总之，父母们要密切关注青春期男孩的言行，及时了解他们的心理需要，在适当的时候给予适当的鼓励及引导，不断增强男孩的抗挫能力，让他更加坚强自信地创造人生。

4．远离偏激

男孩偏激行为的危害可大可小，父母们不得不认真对待。让男孩远离偏激，父母可采用以下五个妙招：

4.1 让男孩被爱沐浴

父母对男孩的爱，是天经地义的。男孩也只有在这样温暖的爱中，才能健康成长。然而，当今社会父母大多都有自己的工作，日复一日的匆忙间往往忽略对男孩的关爱。甚至，他们只关心男孩的学习成绩，而不去理会男孩的情感变化。久而久之，男孩就会因感受不到父母的爱而不信任其他美好的东西，渐渐形成厌世、冷漠、嫉妒等偏激心理。

由此可见，父母对孩子的爱至关重要。尤其是对处于个性觉醒、叛逆反抗的青春期孩子，父母更要给予足够的关爱，让他们更有信心和勇气去创造未来。

4.2 传递阳光的力量

要想帮助思想片面、幼稚的男孩纠正偏激心理，父母首先得有阳光心理，这样，才能给孩子灌输正面的精神能量。从我国社会主义核心价值观来看，爱国、敬业、诚信、友善，就是作为公民的个人价值取向被提倡。

因此，父母在教育男孩的时候，要结合这些价值观，让男孩在温暖和睦的家庭环境里，养成合作分享、乐善好施和珍爱生命等美好的精神品质。

4.3 使男孩丰富起来

男孩由于生活经验少，知识面窄，看问题就容易"只见树木不见森林"。父母可帮助男孩拓宽兴趣范围，多方面接触生活，积累丰富的知识经验。比如，多带男孩去访友、购物、旅行等，让男孩在不同的生活环境中积累不同的生活经验。

4.4 拓展男孩思辨力

男孩偏激，除了缺乏父母关爱、知识面狭窄等因素之外，还由于思维的局限性。这时，父母可以通过讲故事、做游戏，或者讨论、商量等方式，让男孩学会从不同角度看待问题，并懂得处理生活中的得与失。

4.5 鼓励男孩参与社会实践

很多男孩在父母的庇护下，缺乏与人交流和社会实践的机会，使得他们只能躲在自己的小世界里做"井下观"。而当他们到了青春期，认知社会的欲望促使他们去思考和评论某些事，而缺少实践的他们，只能靠臆想猜测得出结论，就显出了片面偏激性。

俗话说："百闻不如一见"，"不经一事，不长一智。"父母只有鼓励男孩积极参加各种活动，接触社会生活，并在实践中多与人交流沟通，才能使他远离孤僻偏激，走向活泼成熟。

第六节　善待沉默

引语

青春期的男孩往往沉默寡言，不再像小时候那样"聒噪"，也对很多事情都不再关心，这令很多父母都非常担心。其实，这是男孩不适应青春期变化而表现出的"收敛"。

1. 男孩太"宅"怎么办

很多父母抱怨，青春期的男孩总是一回家就把自己关在房子里，不跟家人做任何交流，而且周末时能在家里躲一天不出门。这就是所谓的"宅"。可是，他们为什么会变"宅"？

苏女士的儿子今年17岁，上了高二，儿子的态度让她非常受不了。她知道孩子到了青春期会变得情绪不稳定、好反抗争辩、爱自作主张。可让她没想到的是，自家孩子的青春期表现却是沉默，这让她根本没有机会了解儿子。

儿子每天回家后，便把自己关在房里。苏女士知道儿子一回房，就不可能轻易出来了。

她也试过主动跟儿子聊天，可是，聊的话题严肃了，儿子嫌烦，直接不搭理；如果聊一些轻松的话题，那儿子永远是那几句"还好"、"就那样"、"是的"。这种情况让苏女士无计可施，她一边担心儿子把自己憋坏，一边又气愤儿子的冷漠。

其实，这是青少年发育中一种常见的阶段性的"闭锁心理"。随着独立意识的增长，男孩觉得自己长大了，渴望摆脱对成人的依赖，在家便往往表现得沉默寡言。这时候的男孩也产生了很多独立的想法，他们因怕得不到别人的认可，而在心中锁住秘密，不愿意和别人分享，渐渐变成"独行客"，甚至是"宅人"。

遇上男孩的"宅"，父母们若想进入男孩的内心，是需要非常耐心的。但最重要的一点，就是多关心他们的情感，而不仅仅是学习。

2. "沉默"是个性

正处于青春期的男孩认识水平迅速提高，对事物有了自己的思考，而且喜欢自作主张。他们的生理发育也非常迅速，两三年内身体各方面的发展基本成熟。但其心理发展速度就相对缓慢些，心理水平尚处于从幼稚走向成熟的过渡时期。

可以说，青春期男孩的身心发展处于一种非平衡状态。于是，沉默便成了他们掩饰、隐藏自己的真实情感情绪的一种表现。换句话说，原来大大咧咧的臭小子野丫头变得有心事了，也不再愿意拿来跟父母分享或"炫耀"。

不过，随着自我意识的日益增强，青春期男孩很渴望得到同龄人的认可，且爱跟"知己"掏心掏肺、谈笑风生。可很多父母还是像对待小孩一样对待他们，喜欢问长问短。男孩不愿多说，就逐渐变成了父母心中的"亲朋友，远亲人"形象。

有几位刚上高一的男孩直言不讳："别看我们在外面叽叽喳喳闹个不停，一进家门立马没话。特别是不愿去奶奶家或姥姥家，他们老把我当小孩儿一样关心，我也懒得跟他们辩解，不说话便是。"

由此可见，青春期男孩的"沉默"很多时候是"被迫"的。大人对他们的态度依然像对待小孩儿般，这让个性开始觉醒的他们忍受不了，于是，便以"沉默"来彰显自我。

3. "在家沉默征"

对于男孩青春期的逆反，很多父母可以理解和接受，他们知道男孩已经不再是曾经的乖乖儿，而是爱顶嘴反抗。虽然很多父母能理解男孩的叛逆，却对男孩的沉默无计可施，甚至怀疑男孩心理有问题，四处寻医求助。

与急得焦头烂额的父母相比，子女们却淡定许多。他们自诩"学校是

话痨，在家沉默征"。而早出晚归的父母只看到男孩对着自己沉默，所以又气又急，又怕他憋出病来。

刘女士的儿子今年高一，每天回到家基本上都是低头吃饭，撂下碗筷就回房，父母问话也是哼哈着答应。刘女士说："儿子平时回到家都很沉默，我问他有关学校的问题，比如说最近考试了没？他每次都说不知道，后来问他别的问题，得到的答案也是'不知道'，'不知道'三个字就是儿子回答父母问话的高频词汇。更可气的是，我们对他的'不知道'回答提出批评后，儿子连这仨字都懒得搭理我们，再问他问题，他只是用'嗯、是的'应付着，总之是回答问话时尽量不超过三个字。"

刘女士儿子的这种情况并不少。比起直接顶嘴反抗的男孩，父母拿这些不吭声儿的男孩更没办法。为从男孩嘴里套话儿，这些父母招数不少：申请QQ号假装网友跟男孩聊天，或拜托男孩表哥表姐窥探情报，甚至直接请老师出面指导。可是，男孩们冰雪聪明：识破父母网上冒充网友的伎俩，和表哥表姐"统一战线"，对老师的指导"阳奉阴违"。

总之，无论父母如何出招，男孩依然心门紧锁，拒父母于千里之外。不过，认真想想，他们的沉默也只是针对父母，而与同龄人却能掏心挖肺。所以，父母们不妨也淡定一些，顺其自然——很多时候，你越是着急，他越爱反抗；而如果你给他足够的信任和温柔的引导，他就更愿意为你敞开心扉。

4. 沉默不等于冷漠

随着知识水平的迅速提高，青春期的男孩对事物有了自己的观

点。他们喜欢自作主张，不再愿意听从父母之言，表现出抵抗行为。有的男孩明目张胆与父母"硬抵抗"，有的男孩则寡言少语与父母"软抵抗"，而后者更让父母不知所措。

男孩拒绝与父母对话和交流，也不会主动对父母表达关心，冰冷的态度让父母心寒。

京京今年15岁了，却让父母很烦恼。

妈妈说，这男孩越长大，越冷漠，小时候跟自己无话不说，现在的话却越来越少，问一句答一句，问多了还不耐烦。可是，同学一来电话，他就有说有笑能聊上一个小时。

更让父母伤心的是，儿子关心自己和朋友却不关心父母。

有一次，妈妈生病躺在床上，不能做饭。京京饿了就自己出去买吃的，还和朋友玩了一会儿才回，回来既不问妈妈的身体状况，也不问妈妈是否吃饭，又躲进自己的房间不出来了。而之前同学病了，他却知道送张祝福卡片。男孩的这种冷若冰霜的态度着实令妈妈伤心。

说实话，无论是哪位母亲，遇上男孩的这种变化，都会伤心难过。但是，男孩真的是冷漠了么，还是只是一种沉默？

冷漠与沉默都寡言，但是冷漠无情，沉默有情。青春期的男孩有时对父母表现得漠不关心，好像很冷漠，但他对同学、对集体很热情、很关心，这说明他不是一个冷漠之人，而只是对父母有点沉默。

所以，青春期男孩的寡言大多是沉默，不是人性上的冷漠。他的沉默，也许是为了避免亲子矛盾的一种表达方式。父母们只要认识到这点，才能认真反省、分析平日里可能与男孩存在的矛盾，并

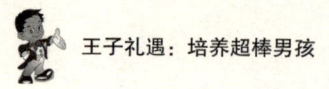

及时找男孩谈心使之得以化解。

5. 沉默也是一种言语

其实，男孩的"沉默"就是一种言语——需要关注和尊重。父母们可以通过以下几个方面入手，让男孩远离"冷漠"。

5.1 关照男孩的情感

男孩的身体发育和学习情况，往往是父母们特别关照的事。其实，男孩的情感更需要父母的关照，尤其是青春期的男孩。他们对性的好奇、对社会的观察、对人情的敏感，使得他们容易受到各方面的影响，而变得情感脆弱、情绪不稳。这种情况下，父母的密切关注比以往显得更加重要，而不是以为他们"长大了"就放心置之。

实际上，青春期男孩的情绪不稳、烦躁不安，也容易导致其学习的下滑。父母注意关照这些男孩的情感，给予他们尊重、理解和温柔引导，对他们的学习也有很大帮助。所以，父母们不要给男孩留下念念叨叨的形象，而是慈爱依旧，且适时"显弱"，从而培养出身心强壮的男子汉。

5.2 接纳男孩的沉默

青春期的男孩思维活跃，但情绪不稳定、容易激动，往往在亲子关系的矛盾冲突上表现得比较偏激和冲动。

他们也许曾经受过尊敬老人、孝敬父母的教育，但到了青春期，就会不由自主地抵抗父母的教诲，觉得父母很啰唆，总喜欢找自己的茬，对自己的情感不关心。而实际上，他们也许确实老毛病